ちくま新書

東大入試に学ぶロジカルライティング

吉岡友治
Yoshioka Yuji

908

東大入試に学ぶロジカルライティング【目次】

本書の使い方 006

第一章 論理的に読めなければ、まず書けない 009

1 分かった「つもり」から脱する——表現から思考を読み取る 010

2 社会的背景から日常を読む——社会モデルを当てはめる 031

3 難解な表現を仕分けする——論理的・抽象的表現の解読 050

第二章 書くための「型」を身に付ける 071

4 説得=対話の構造を作る——意見文の仕組みに習熟する 072

5 具体的なものがわかりやすいとは限らない——抽象化の意味 093

6 厳密な証明が論理の要——実用のための三段論法 111

第三章 納得させるには「技」が効く 131
7 適切な例を出す――論と例の一致で説得力を 132
8 有効な仮説で現状を分析せよ――パズル解きの価値 157
9 明確な基準をたてて判断する――得失を自覚・評価する技術 179
第四章 ただ正しいだけの文章と思われないために 199
10 批判の妥当性を疑う――ロジカルな議論の穴を見つける 200
11 対立をスルーする方法――次元を上げて解決するための発想 222
12 常識を覆す思考――逆説の使い方 245
あとがき 266

本書の使い方

これはロジカルライティングの本です。ただ、その書き方は類書と大きく違います。ロジカルライティングというと、MECEだとかピラミッドだとか、人目を引きそうなマニュアルが強調され、この方式を守れば「誰でもロジカルになれる」と言われます。しかし、簡単なマニュアルを覚えれば論理的になれるというほど、ことは簡単ではありません。

「論理的」と言われるものには、マクロとミクロの二つの側面があります。マクロは説得・対話の文章構造になっていること。論理的な文章の目的は、読者を納得させることです。そのためには、読者の持つ疑問を先回りして答えておく。読者は、「ボンヤリと感じていた疑問」が次々と解決されるのを経験し、筆者の主張を信頼するに至る。

一方、ミクロとは文と文とのつなぎ方です。論理では、最初に書かれた内容が次々に言い換えられていき、言いたいこと＝主張につながります。その推移が必然と感じられるとき「ロジカルだ」と言われ、恣意的だと「ロジカルでない」と言われる。これを記号の形で書き上げたのが、世上で論理学と言われるものです。

でも、ミクロな側面だけでは論理的にはなれない。もちろん、マクロな面だけでも論理的文章は書けない。二つがバランス良く配合されて、始めて「説得的でロジカルな文章」は出来上がる。その練習をするには、東大の入試問題は最適です。メチャクチャな難問はほとんどなく、論理的な手法さえ押さえられていれば解けるように作られている。逆に、そこがいい加減だとどんな「名文家」でもつまずく。

ここでは学部とロースクールの問題を題材にして、ロジカルで説得的な文章を書くコツを体験できるように構成しました。読み進めるうちに、何に気をつけるべきか、どこをチェックすべきか、説得するポイントはどこか、自然に理解できます。いわば、文章修業のシミュレーションですね。

説明ではフローチャートなどを用いましたが、素材は文章のみです。なぜなら「ロジカルでなければ！」と我々が痛感するのは、定理や数式の中ではないからです。むしろ、日常生活で言い回しに迷ったり、常識だからと信用して痛い目にあったりしたとき「ああ、論理的であらねば」と決意を新たにする。記号の扱いが上手になるだけでは、論理的にはなれないのです。

各節で説明した原理については、最後にまとめて整理し、実際に使用する際の指針にしました。論理や議論を書物やパズルの中に閉じこめず、日常から発信する上での実際的な武器にするきっかけとして使ってほしい、それがこの本のめざすところです。

第一章

論理的に読めなければ、まず書けない

1　分かった「つもり」から脱する――表現から思考を読み取る

†他人を理解する方法とは？

「他人の頭の中には入れない」とはよく言われる。しかし、文章を理解するとは、ある意味で「他人の頭に入る」作業である。もちろん、理解するための道具は自分の頭脳しかないから、特別な方法が必要になる。不用意に他人に近づこうとしても、慣れた観念をなぞるだけだ。新しい情報とも知識とも世界観とも出会えないまま、自分の頭の中をウロウロする。これでは、わざわざ時間をかけて文章を読む意味がないだろう。

もちろん「文章を感じろ」「素直になれ」というよくある教えも単純すぎよう。心構えは殊勝だとしても、「理解しよう」と思うだけで他者と出会えるなら世話はない。何でもそうだが、たんなる気持ちだけではなく、具体的作業をしてはじめて結果が伴ってくる。他人の言葉と出会うにも、まず共通の土台＝プラットフォームが必要になる。では、どんな手順が必要になるのか？

次の文章を読んで、後の設問に答えよ。

二流の役者がセリフに取り組むと、ほとんど必ず、まずそのセリフを主人公に吐かせている感情の状態を推測し、その感情を自分の中にかき立て、それに浸ろうと努力する。たとえば、チェーホフの『三人姉妹』の末娘イリーナの第一幕の長いセリフの中に「なんだってあたし、今日はこんなに嬉《うれ》しいんでしょう？」（神西清訳）ということばがある。女優たちは、「どうもうまく『嬉しい』って気持ちになれないんです」といった言い方をする。もっといいかげんな演技者なら、なんでも「嬉しい」って時は、こんなふうな明るさの口調で、こんなふうにはずんで言うもんだ、というパターンを想定して、やたらと声を張り上げてみせる、ということになる。「嬉しい」とは、主人公が自分の状態を表現するために探し求めて、取りあえず選び出して来たことばである。その〈からだ〉のプロセス、選び出されてきた〈ことば〉の内実に身を置くよりも、まずア「ウレシソウ」に振舞うというジェスチュアに跳びかかるわけである。

もっと通俗的なパターンで言うと、学校で教員たちがよく使う「もっと感情をこめて読みなさい」というきまり文句になる。「へえ、感情ってのは、こめたり外したりできる鉄砲のタマみたいなものかねえ」というのが私の皮肉であった。その場にいた全員が笑いころげたが、では、感情とはなにか、そのことばを言いたくなった事態にどう対応したらいいのか、については五里霧中なのである。

この逆の行為を取り上げて考えるともう少し問題がはっきりするかも知れない。女優さんに多い現象だが、舞台でほんとうに涙を流す人がある。私は芝居の世界に入ったばかりの頃《ころ》初めてこれを見てひどく驚き、同時に役者ってのは凄《すご》いものだと感動した。映画『天井桟敷の人々』の中に、ジャン・ルイ・バロー演じるパントマイム役者に向かって、「役者はすばらしい」「毎晩同じ時刻に涙を流すとは奇蹟《きせき》だ」と言う年寄りが出てくる。若い頃はナルホドと思ったものだが、この映画のセリフを書いている人も、これをしゃべっている役柄も役者も、一筋縄ではいかぬ連中であって、賛嘆と皮肉の虚実がどう重なりあっているのか知れたものではない。

数年演出助手として修業しているうちにどうも変だな、と思えてくる。実に見事に華々しく泣いて見せて、主演女優自身もいい気持ちで楽屋に帰ってくる——「よかったよ」とだれかれから誉めことばが降ってくるのを期待して浮き浮きとはずんだ足取りで入ってくるのだが、共演している連中はシラーッとして自分の化粧台に向かっているばかり。シーンとした楽屋に場ちがいな女優の笑い声ばかりが空々しく響く、といった例は稀《まれ》ではないのだ。「なんでえ、ウ自分ひとりでいい気持ちになりやがって。芝居にもなんにもなりやしねえ」というのがワキ役の捨てゼリフである。

　実のところ、ほんとに涙を流すということは、素人が考えるほど難しいことでもなんでもない。主人公が涙を流すような局面まで追いつめられてゆくまでには、当然いくつもの行為のもつれと発展があり、それを役者が「からだ」全体で行動し通過してくるわけだから、リズムも呼吸も昂《たかぶ》っている。その頂点で役者がふっと主人公の状況から自分を切り離して、自分自身がかつて経験した「悲しかった」事件を思いおこし、その回想なり連想に身を浸して、「ああ、なんて私は哀《かな》しい身の上なんだろう」とわれとわが身をいとおしんでしまえば、ほろほろと涙は湧《わ》いてくるのだ。つまりその瞬間には役者は主人公の行動の展開とは無縁の位置に立って、わが身あわれさに浸っているわけである。このすりかえは舞台で向かいあっている相手には瞬間に響く。「自分ひとりでいい気になりやがって」となる所以《ゆえん》である。

　本来「悲しい」ということは、どういう存在のあり方であり、人間的行動であるのだろうか。その人にとってなくてはならぬ存在が突然失われてしまったとする。そんなことはありうるはずがない。その現実全体を取りすてたい、ないものにしたい。「消えてなくなれ」という身動きではあるまいか、と考えてみる。だが消えぬ。それに気づいた一層の苦しみがさらに激しい身動きを生む。だから「悲しみ」は「怒り」ときわめて身振りも意識も似ているのだろう。いや、もともと一つのものであるのかも知れぬ。

それがくり返されるうちに、現実は動かない、と少しずつ〈からだ〉が受け入れていく。そのプロセスが「悲しみ」と「怒り」の分岐点なのではあるまいか。だから、受身になり現実を否定する闘いを少しずつ捨て始める時に、もっとも激しく「悲しみ」は意識されて来る。

とすれば、本来たとえば悲劇の頂点で役者のやるべきことは、現実に対する全身での闘いであって、ほとんど「怒り」と等しい。(後略)

(竹内敏晴『思想する「からだ」』)

設問

㈠「「ウレシソウ」に振舞うというジェスチュアに跳びかかる」(傍線部ア)とあるが、どういうことか、説明せよ。

㈡「賛嘆と皮肉の虚実がどう重なりあっているのか知れたものではない」(傍線部イ)とあるが、どういうことか、説明せよ。

㈢「自分ひとりでいい気持ちになりやがって。芝居にもなんにもなりやしねえ」（傍線部ウ）とあるが、どういうことか、説明せよ。
㈣省略

二〇〇八年東京大学入試問題

†「どういうことか、説明せよ」とは？

最初は「どういうことか、説明せよ」という問題である。ある事柄を理解したら、当然、それを他の人にも説明できるはずだ。その意味で、説明させてみるのは、理解できたかどうかを試す基本的な方法だ。

説明とは何か？　簡単に言えば、同じ内容をやさしく言い直すことである。もちろん「やさしく」は状況によって変わる。抽象的な言葉は、なるべく日常的な表現に直す。たとえば、概念なら「あるものがどういうものか、について一言で説明した言葉」などと言いかえる。さらに、具体例を入れればもっと良い。たとえば「『人間』の概念なら、理性を持つ（言語を持つ）動物となる」。逆に具体的な言葉が並んでいて「どういうことか説明せよ」と問われたら、より抽象的な表現に直す場合もある。これが㈠の問である。

†説明の方法——分析と総合

もちろん説明することは自分の感じたこと・思ったことを述べることとは違う。感じ思ったことを述べることは「感想」と言う。感想と説明はどう違うか？　前者は自分の受けた感じや思いを自由に述べればよいが、後者は自分の述べた内容が、その文章の表す内容と一致する必要がある。一致しているかどうかは元の文章の中に対応する内容があるかどうかで確かめられる。逆に言えば、意味不明の表現を説明するには、そこと対応する内容を持つ部分を、元の文章の中から探してあてはめればよい。

とはいえ、そういう部分がそっくりそのまま見つかることはほとんどない。たいていは、ボツボツと部分的に対応しているだけ。だから、まずいくつかに分解して、それと対応している表現・内容を少しずつ見つけて集め、最後にそれをつなぎ合わせて一つにする、という戦略を取る。まるごと扱うと面倒なので、いくつかに分解して一つ一つ解決し、それらを組み合わせて最終的な解決につなげるのだ。これを俗に「分析と総合」と言う。

分析と総合の戦略＝課題をいくつかに分解して、それらを一つ一つ解決し、それらを組み合わせて最終的な解決につなげる

この「分析と総合」を㈠の傍線部分の説明に適用すると、手順は次のように三つに分かれる。

†具体的にやってみると……

①傍線部分をいくつかに分解する
②その一つ一つに対応する内容を見つける
③それらをつなぎ合わせて、一文にまとめる

ここだったら、まずこの文を「「ウレシソウ」に振る舞う／というジェスチュアに／跳びかかる」と分割して、それぞれに対応する内容を本文から探せばよい。

まず「『ウレシソウ』に振る舞う」は「もっといいかげんな演技者なら」以降のまとめになっている。だから「なんでも『嬉しい』って時は、こんなふうな明るさの口調で、こ

んなふうにはずんで言うもんだ、という…」あたりの具体例をまとめればよい。「やたらと声を張り上げてみせる」も抽象化すれば、「決まり切ったパターンを想定して演技する」などとなろう。あるいは、「内実に身を置くよりも」という比較を利用して、その対義表現を考え「表面だけなぞってやってみる」と書いてもよい。

一方、「ジェスチュア」は「身振り・手振りで外形だけ模倣する」という意味の外来語。「跳びかかる」は比喩で、「一気に／いきなり手順を踏まないで、実行する」という意味だろう。以上を表にまとめれば、次のようになる。

言葉	「ウレシソウ」に振る舞う	ジェスチュア	跳びかかる
表記・表現の種類	カタカナ表記↓「もっといいかげんな……」以降のまとめ	外来語	比喩
言い換え	決まり切ったパターンを想定して、演技する。表面だけなぞってやってみる	身振り・手振りで外形だけ模倣する	一気に／いきなり手順を踏まないで実行する

後は、これらをすべてくっつける。くっつけ方は、とりあえず日本語として無理がなければ何でも良い。たとえば、以下のように。

決まり切った身振り・手振りのパターンを想定して、それを外形だけなぞるという演技をいきなり行ってしまう。

これでも悪くないが、さらにやさしく言い換えてみよう。「表面的・外形的な身振り・手振りのパターン」とは、「嬉しい」ときの一般的なパターンと考えられるから、「いかにも観客には嬉しそうに見えると（役者が）思った身振り」などとパラフレーズできるだろう。それを入れると、次のようになる。

㈠の解答例

役者がいかにも観客に「嬉しそう」に見えそうだと思った身振りを、いきなり表面だけなぞって演技すること。

†奇妙な解答例たち

一連の表現を分解して、本文との対応を見つける。それらを結びつけて、最後に全体としてまとめ、表現を整理する。我々がふだん日常でも行っていることを、そのまま文章理解でもやればいい。ところが、こういう手順を踏まないで、いきなり自分の感じた内容を書こうとするから「自分の頭の中を覗く」結果に陥る。たとえば次の解答例。

駿台予備学校の解答例
ことばとからだの本来的な結びつきを切り離し、セリフに示された感情を単なる表層の身振りで表そうとすること。

まず「本来的な結びつき」が意味不明だ。「本来的」になるには、「ことばとからだ」がどうなればいいのか、解答者には何らかの思いがあるかもしれないが、まったく説明がない。「セリフに示された感情」もあやしい。セリフに感情を込めるとはよく言われるが、竹内はそういうようにセリフと感情を結びつけるステレオタイプを「へえ、感情ってのは、鉄砲玉みたい」なものかとこっぴどく批判する。それなのに、この解答はまた「セリフ＝感情」というよくある図式に引き戻している。「表層」も「表面的」と言えば良いのに難しくしすぎ。語彙力を見せびらかしても、説明にはならない。

代々木ゼミナールの解答例

「嬉しい」というセリフが発せられるまでの内面的なプロセスを表現せずに、外面的に「嬉しそう」に見える定型的な動作を行おうとすること。

†「説明」は思いこみの開陳ではない

ステレオタイプが目立つのは、この解答も同様だ。まず「内面的なプロセス」。「外面的」と対応させたのだろうが、「内面」は普通「こころ」と同義。だが、筆者はそういう「内面＝こころ」というよくある見方をしていない。使われているのは「〈からだ〉のプロセス」。どういう意味を込めているのかこれだけでは明らかではないが、少なくとも「からだ」と「こころ」は同じではない。この解答では筆者特有の用語法を無視して、日常よく使う対比関係を無頓着に使っているので、ズレが生じている。「定型」も難しすぎ。「決まり切った」で十分。

いちゃもんをつけてばかりで申し訳ないが、こんな風に説明が思いこみの開陳にしかならないのでは、文章理解とは言えない。理解とは、無理矢理自分の思いこみに引き戻す行為ではない。具体的な表現に基づいて、筆者の言わんとしていることを推測し、できるだけくわしく分かりやすく言い換えること。こういう基本が実行されていないから、奇妙な説明になるのである。

読解・理解＝事態をクリアにする→分かりやすい表現＋思い込みの前提を入れない

†省略内容を補足する

さて、(二)も同じく「説明」を要求しているが、少しパターンが違う。傍線部分は「知れたものではない（＝分からない）」と否定的な表現になっているが、もちろん筆者には「どう重なりあっているのか」分かっている。この場合は、説明しなくてもわかると筆者は判断して、わざと省略しているのだ。その省略内容を推測しなければならない。つまり、言葉をやさしく言い換えるだけでなく、どういう賛嘆なのか、何をどう皮肉っているのか、それらの間の関係がどうなっているか、も解明すべきなのだ。

説明＝言葉を易しく言い換える＋内容を明らかにする

したがって、次のような答えは、「説明」としての用をなさない。

> **教学社の解答例**
> 舞台で本当に涙を流す役者への賛嘆の言葉には多分に皮肉の調子が込められており、真に受けることはできないということ。

この説明は語釈のレベルに止まっている。つまり、辞書のように難しい表現を易しい表現に変えただけなのだ。実際、「どう重なりあっているのか」という疑問に対して「多分に……込められており」と答えるだけでは、どう「重なり合って」いるのか、どういう内容の「賛嘆」「皮肉」なのか、まったく触れられていない。

では、どうするか？ ㈠と同じく「分析と総合」という手順を使う。まず「賛嘆と／皮肉の／虚実がどう重なりあっているのか／知れたものではない」と分割して、それぞれに対応する内容を考える。

「賛嘆」とは、当然、舞台で涙を流せる俳優の技量を褒めるという意味だろう。それに対して、「皮肉」とは、表面上の意味と内容が違うタイプの表現。たとえば、「君は頭が良すぎるよ」という皮肉は、「お前はバカだ」を意味する。だとするなら、ここの「皮肉」とは、一見役者を褒めているようでいて、実はけなしていること。

実際、次の段落では、舞台で泣いた女優の「場ちがい」な満足、その次では「ほんとに涙を流すということは……難しいことでもなんでもない」とある。要するに、役者が思うほど涙を流すことは難しくも効果的でもないわけだ。とすると「涙を流せば良い演技だと思いこむ俳優の浅はかさを非難・揶揄する」などと言い換えられそうだ。

一方、「虚実がどう重なり合っているのか」は、「虚」がウソで「実」がマコトなのだから、どちらがウソでどちらが本当かと言い換えられる。「知れたものではない」は、文字通りの意味なら「分からない」。しかし、先述したように、筆者は答えを知っている。賛嘆ではなく、皮肉になっている、と言いたいのだ。

言葉	表記・表現の種類	言い換え
賛嘆		舞台で涙を流せる俳優の技量を褒めている
皮肉	表面上の意味と言いたい内容が違う	涙を流せば良い演技だと思いこんでいる俳優を非難・揶揄する
虚実がどう重なり合っているのか		どちらが本当でどちらがウソか
知れたものではない	省略語法	一見褒めているようだが、実は非難・揶揄している（とも考えられる）

つなげてみると、解答は次のようになろう。最後は「知れたものではない」に義理立てして「……かもしれない」と付けてもいいが、もちろんなくて構わない。

一見、舞台で自在に涙を流す役者を称賛しているようだが、実は、涙を流せば良い演技だと思いこむ役者の浅はかさを揶揄する意図が込められているかもしれないということ。

一見、舞台で涙を流す役者の技術のすばらしさを称賛しているようだが、実は、涙を流して自己満足する役者の浅はかさをからかう意図が込められているということ。

「分割して統治せよ」は政治の原理だけではない。「問題を分割して、自分の理解できる範囲の次元にまで下げる」という方法は、デカルト以来の原理だ。簡単にできるのでぜひ実行したい。

†口語表現の事情説明

㈢は、さらに口語的な表現の言い換えだ。江戸前の啖呵めいた断片的なセリフを分かりやすい表現にさしかえる。「自分ひとりでいい気持ちになりやがって。／芝居にもなんにもなりやしねえ」と二つに分割しよう。まず「自分ひとりでいい気持ちになりやがって」の内容は、次の段落の描写を一つ一つ辿ってみれば簡単に分かる。

(芝居における) 行為のもつれと発展
◀**芝居と役者の関係**
(役者は)「からだ」全体で行動・通過
◀**役者の「からだ」の様子**
リズムも呼吸も昂っている
◀**役者の心理**
「悲しかった」事件・経験を思いおこす
◀**芝居とは関係のない自己憐憫に浸る**
「ああ、なんて私は哀しい身の上なんだろう」とわが身をいとおしむ
◀**その結果**
涙は湧いてくる

つまり、涙が出たのは、「からだ」のリズムも呼吸も昂ぶっているときに、自分を哀れ

むからなのである。その結果、女優は「やった。上手く泣けた」と得意になる。しかし、それは、芝居の筋書きとは関係ないので、むしろ芝居の展開を乱す。さらに、竹内は「悲しみ」とはそもそも自己憐憫ではないと言う。「悲しみ」とはむしろ「怒り」に近く、受け入れられない現実を次第に受け入れていくことだ。だから「自己憐憫」ではダメなのだ。

自分ひとりでいい気持ちになりやがって	芝居にもなんにもなりやしねえ
芝居で演じられるべき主人公の行動から離れて自己憐憫に浸っている＋本人が達成感・満足を得るだけ	芝居の展開を乱している＝受け入れられない現実を次第に受け入れていくという悲しみの本質から外れている

以上をつなぎ合わせれば、解答は次のとおり。

> 涙を流すのは、役者が自己憐憫に浸っているだけで、否定したい現実を次第に受け入れるという悲しみの本質からずれているので、本人が達成感を得ても芝居の展開を乱

す行為になっているということ。

何を目標にするのか、どういう作業を具体的にするのか、基本が確認されないままに、自分の思いこみや感じを優先させると、理解に混乱が生じる。東大の問題は、けっして難解ではない。だが、そういう手順をゆるがせにすると、確実にずれてしまう仕組みになっているのだ。

他人を理解するのは難しい。そう言いつつも、我々は相手の表情や言葉や行為を手がかりに、相手が何を考え、何を感じているかを推測する。「顔をしかめているからイヤなのだろうな」と表情を分析して、そこから判断しているのだ。日常で、そういう作業をやっているのだから、文章でも同じ手順を踏めばいいのである。その手順が雑だから、「思いこみ」「誤解」「説明不十分」のオンパレードが生じてしまう。「他人を理解する」には、我々は謙虚であらねばならない。しかし、それはたんなる心がけではない。むしろ、すべき手順を一つ一つ踏んでいく、というスキルの問題であるのだ。それをきちんと行わないから自分の思いこみと感じに頼って「曖昧な説明」をくり返すことになるのである。

説明の技術＝手順を踏んで難解さをときほぐす

この節で学んだ技法
▼難しい／日常的な表現を分析する
▼各要素に分割して意味を総合する
▼正しい手順で理解する

2　社会的背景から日常を読む——社会モデルを当てはめる

昔、シカゴ大学の教授に「日本人って社会科学が全然ダメだね」と言われたことがある。彼はフランス人で一六世紀の随筆家モンテーニュが専門。社会科学なんか関係なさそうなのだが、「私はマルクシストだ」と言ってはばからない。だが政治信条はむしろ保守的。彼に言わせれば「マルクス主義とは政治的立場じゃない。社会の見方だ」と言う。

彼のゼミで太宰治の『人間失格』を取り上げたことがあった。発表者は日本人。作者の生い立ちから発表を始め、父親との関係、津軽の土地柄……こまかな情報が続く。教授が大声で遮る。「もう発表はいい！」。怒られた学生はポカン。「もっと社会との関係を考えなきゃダメだ！」「そんなこと言われたって……これが日本の普通の文学解釈だから……」

たしかに、日本人は社会を分析的に見る感覚が薄い。政治的立場やイデオロギーとは別に、原理や理論に基づいて社会を見る作業になれていない。その代わりに、心理的または情緒的な見方に偏る。だから、生まれとか育ち、心情などというミクロな視点になりがちだ。

†社会をメカニズムとして眺める

マルクス主義とは、簡単に言うと、社会を権力・抑圧という関係モデルから眺める見方だ。社会は、資本家という生産手段（資金・工場・機械など）を独占している階級と、自分の時間以外売るもののない労働者階級に分かれている。労働者は自分を労働力として売らなければ生きていけないから、資本家の言いなりにならざるを得ない。だから、資本家がすべての権力を持つ。しかし、不平等に対する恨みが世に満ちると困るので、この状態を「平等」「公平」だと正当化する言説を世の中に溢れさせる。

しかし、こういう見方を取ったからと言って、この状態を変えねばならないとまで主張するわけではない。「だから、私は資本家側に回る」と決意すれば、変えない方がよい。つまり、マルクス主義は必ずしも政治的立場ではなくて、社会のメカニズムをどのようにモデル化するか、という方法論なのだ。

もちろん、これ以外の社会観をとることも可能だ。たとえば、フランスの社会学者デュルケーム。彼は、社会が分業によって結びついているとする。それぞれの部分は、一つ一つでは自立できない。他の部分と結びついて互いに協力・合体することで、はじめて意味を持つ。分業のおかげでそれぞれの効率は上がるので、全体として豊かになる。デュルケームはマルクスのように資本家vs労働者という対立関係では社会を見ない。むしろ、資本家も労働者もそれぞれ独自の機能を持っているから、社会全体としては協力していると言う。つまり、社会関係を不平等と対立という観点から眺めるのではなく、むしろ相互の協力という観点から捉えるのだ。

違うモデルを取ると、同じ行為でも評価は正反対になる。デュルケームは、こういう社会的絆が切れるのは破滅的で社会に混乱を招くという。しかし、マルクスにとっては、現在の社会関係を壊すのは、むしろ不平等の改善につながる。同じ事態に対して、評価は全然違ってくるのだ。

社会のメカニズムをどう考えるか？→同じ行為がまったく違う評価になる

†社会感覚としての読み方

日本人は、こんな風に、自分を取り巻く具体的な状況を、社会科学の原理と結びつけて認識するのが苦手だ。「学校の教科」として学習しても、自分と関係があると感じない。だから、何を見ても「心理主義」的、つまり個人の心の中に問題があるという見方に偏る。

そういう癖は、「文章を読む」ときの解釈にも強固に表れている。社会から目をそらし、「心情」の読み取りに集中しようとする。これは「国語」で行われる読解態度のいわば中核をなすのである。

次の文章を読んで、後の設問に答えよ。

いなかに百一歳の叔母がいる。いなかは奥会津である。若い日には山羊《やぎ》を飼って乳などを搾っていたので山羊小母《めこばんば》と呼ばれている。山羊小母の家に行ったことは二、三度しかないが説明するとなると結構たいへんである。

一見、藁葺《わらぶき》屋根のふつうの農家だが、入口を入ると土間があって、その土間を只見川の支流から引き入れた水が溝川をなして流れている。台所の流しから流れ出る米の磨《と》ぎ汁をはじめ、米粒、野菜の切り屑《くず》などはこの溝川を流れて庭の池に注ぎこむ。池には鯉《こい》がいて、これを餌《えさ》にしている。

土間から上った板敷には囲炉裏が切ってあり、冬場は薪がぼんぼん焚《た》かれ、戦前までは小作の人たちが暖を取っていたという。板敷につづく少し高い板の間にはぶ厚い藁茣蓙《わらござ》が敷かれていて、大きな四角い火鉢が置かれ、太い炭がまっかに熾《おこ》され鉄瓶の湯が煮えたぎっていた。そのまた奥に一段高い座敷があり、そこが仏壇のある当主の居間であった。当主は仏壇を背にして坐《すわ》り、ここにも大きな火鉢がある。隠居の老人は口少なに控え目の姿でこの部屋に坐っていた。

　土間からの上がり框《かまち》には腰かけて休息の湯を飲む忙しい日の手伝い人もいたり、囲炉裏のまわりの人の中にはすぐ立てるように片膝《かたひざ》を立てて坐っている若い者もあったという。ア農業が盛んだった頃の一風景が、段差のある家の構造自体の中に残っているのだ。

　戦後六十年以上たって農村はまるで変ったが、家だけは今も残っていて、山羊小母はこの家に一人で住んでいた。夫は早くなくなり、息子たちも都会に流出し、長男も仕事が忙しく別居していた。私がこの叔母の家に行ったのはその頃だった。家は戸障子を取りはずして、ほとんどがらんどうの空間の中に平然として、小さくちんまりと坐っている。

「さびしくないの」ときいてみると、何ともユニークな答えがかえってきた。「なあんもさびしかないよ。この家の中にはいっぱいご先祖さまがいて、毎日守っていて下さるんだ。お仏壇にお経は上げないけれど、その日にあったことはみんな話しているよ」というわけである。家の中のほの暗い隈々にはたくさんの祖霊が住んでいて、今やけっこう大家族なのだという。それはどこか怖いような夜に思えるが、長く生きて沢山《たくさん》の人の死を看取《みと》ったり、一生という命運を見とどけてきた山羊小母にとっては、温《イぬく》とい思い出の影がその辺いっぱいに漂っているようなもので、かえって安らかなのである。（後略）

（馬場あき子「山羊小母たちの時間」）

設問

㈠「農業が盛んだった頃の一風景が、段差のある家の構造自体の中に残っているのだ（傍線部ア）とはどういうことか、説明せよ。

㈡、㈢、㈣省略

二〇〇九年度東京大学入試問題

いかにものどかな随筆という感じの文章だ。歌人として有名な馬場あき子の作。この随筆は二〇〇七年発表だから、「山羊小母」は一九〇六年生まれ。筆者の馬場も一九二八年生まれ。内容は田舎の昔話で懐かしさたっぷり。しかも「山羊小母」なる一〇一歳のオババが出てきて昔語りをするのだから、ちょっと見には、「日本昔話」のようなほんわかした雰囲気だ。しかし、よく見ると、そうとばかりは決めつけられない要素が見え隠れしている。

†分解して対応内容を考える

前項と同じように、「分析と総合」の方法を使おう。まず「農業が盛んだった頃の一風景が、／段差のある家の構造自体の中に／残っているのだ」と分けて、一つ一つの部分に対応する本文の内容を考え、それをつなげる。まず「段差のある家の構造」は次のように描かれている。

土間から上った**板敷**には囲炉裏が切ってあり、冬場は薪がぼんぼん焚かれ、戦前までは**小作の人たち**が暖を取っていたという。板敷につづく少し高い**板の間**にはぶ厚い藁蓙が敷かれていて、大きな四角い火鉢が置かれ、太い炭がまっかに熾され鉄瓶の湯が煮えたぎっていた。そのまた奥に一段高い**座敷**があり、そこが仏壇のある**当主**の居間であった。当主は仏壇を背にして坐り、ここにも大きな火鉢がある。隠居の老人は口少なに控え目の姿でこの部屋に坐っていた。

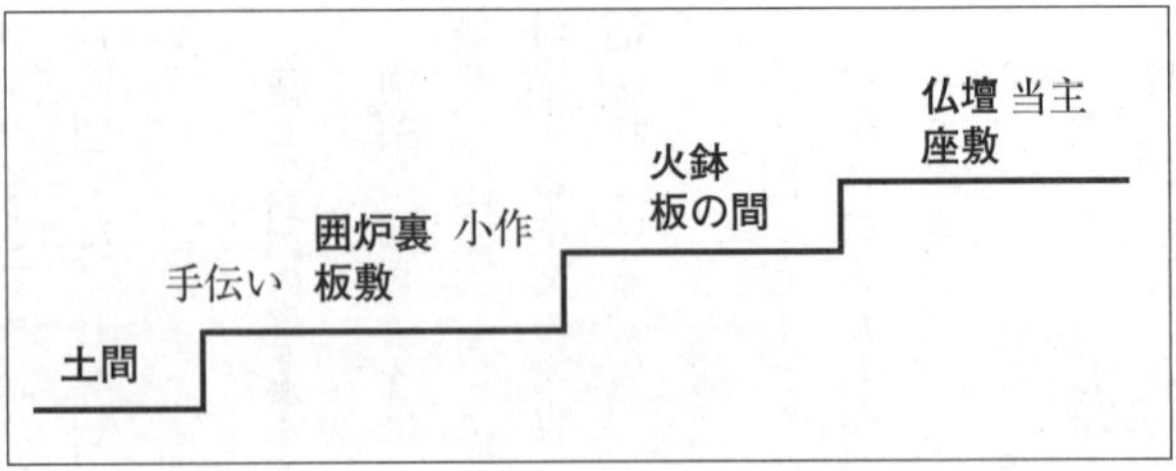

土間からの上がり框には腰かけて休息の湯を飲む忙しい日の手伝い人もいたり、囲炉裏のまわりの人の中にはすぐ立てるように片膝を立てて坐っている若い者もあったという。

「土間――板敷――板の間――座敷」という四段の高さのレベルがあり、板敷の上がり框には「忙しい日の手伝い人」つまり臨時雇いの農夫がおり、板敷の囲炉裏の周囲には「小作の人たち」つまり常雇いの農夫、板の間はとりあえず無人、さらにそのうえは「当主」ないし「隠居」という人間がいる。図にすれば、上のようになる。

しかも、小作の中には「すぐ立てるように片膝を立てて坐っている若い者」がいると言うのだから、命令や指示があれば、すぐ用事を果たせる姿勢になっているわけだろう。命令を出すのは当主かも知れないし、小作人の中のリーダーかも知れないが、いずれにしてもそこに「命ずる人」と「行動する人」という服従または権力関係が表されていることが分かる。当然のことながら、解答の中には、こういう身分の上下関係の内容が含まれていなければならない。

これが「農業が盛んだった頃の一風景」と言われている。「風景」とは、もちろん自然の景色だけではない。社会の様子、あるいは社会の仕組み・構造・組織なども含まれるだろう。それが「段差のある家の構造」に表れているのだ。したがって、次のような言い換えが成り立つ。

農業が盛んだった頃の一風景
＝
段差のある家の構造＝「土間——板敷——板の間——座敷」と高さが違う
＝
農業社会の仕組み＝身分に応じて人間の位置も振り分けられる
＝
農業社会における社会組織＝身分・権力関係

これが、家の構造として「残っている」というのだから、解答は次のようになろう。

解答例1
土間から座敷へという高さの違いで、小作と地主が振り分けられる様子に、かつての農業社会における身分関係が暗示されているということ。（六四字）

解答例2
土間から座敷へと続く高さの違いに、小作と地主など身分の異なる人々が、協力して生産に従事した農業社会の構造が見えるようだということ。（六五字）

解答例3
段差のある家の構造は、そこに座っていた人々の姿を想起させ、農業に励んでいた頃の人々の身分や貧富のあり方までしのばせるということ。（六四字）

†社会関係をやりすごす視線

これらの解答は、どれも小作と地主の身分関係には触れているが、まったく「政治的立場」を表していないのに注意したい。身分・権力関係を良いとも悪いとも評価していないからだ。解答例1がややマルクス的な見方を取っているのに対して、解答例2はデュルケーム的なフレーバーである「協力関係」をまぶしてある。解答例3は、さらに「しのばせる」という懐旧の情を表す言葉まで付け加えている。どれも「身分関係」「身分の異なる」などという表現で傍線部にある「段差」という描写の意味を説明しようとしている。

ところが、巷《ちまた》の受験参考書では、こういう視点はほぼ排除されて、模範解答が作られる。たとえば、赤本（教学社）の解答は、次のようになっている。

> 土間から奥座敷へと段々高くなる家の構造は、農繁期の手伝い人、小作人、当主それぞれの様子をしのばせるということ。

「それぞれの様子をしのばせる」とは、また思い切って曖昧にしたものである。「それぞれの様子」とは、いったいどういう様子だろうか？　それぞれ違っているというのか、それとも同じなのか、違っているなら仲が良いのか仲が悪いのか、いずれにしても説明がない。ここまでぼやかす意図はどこにあるのだろう。そもそも「それぞれの様子」を描くだけなら、「段差」という違い＝差を強調しなくても良いはずだろう。

「段差」が単なる建物の構造ではなく、身分差にも対応しているのは、次の描写でも明らかだ。ここでは「囲炉裏ばた」が「主従の関係」と対応しており、そこに「出入りの百姓」が上がるには、名主からの許可が要ることが説明されている。

半蔵も西から帰ったばかりだ。しかし彼は旅の疲れを休めているいとまもなかった。日ごろ出入りの二人の百姓を呼んで村方の様子を聞くまでは安心しなかった。

「兼吉も、桑作も、囲炉裏ばたのほうへ上がってくれ。」

と半蔵がいつもと同じ調子で言った。

そこは火の気のない囲炉裏ばただ。平素なら兼吉、桑作ともに土足で来て踏んごむところであるが、その朝は手ぬぐいで足をはたいて、二人とも半蔵の前にかしこまった。もとより古い主従のような関係の間がらである。

（島崎藤村『夜明け前』）

このように「囲炉裏ばたに上がる」という行為は、たとえ「平素なら……土足で来て踏んごむ」とはいえ、名主半蔵の許可ではじめて行われる行為だ。このような上下関係を

「それぞれの様子」とわざと曖昧な表現にするのは、むしろ、身分関係に触れるのを避けようとしている、とさえ考えられる。一方、河合塾の解答は次のようである。

高い奥座敷から低い土間まで段差で仕切られた家のあり方そのものが、当主を軸に小作人や手伝い人でにぎわっていた昔の農家の光景をしのばせるということ。(七二字)

解答例3と同じく「しのばせる」という表現が使われている。しかし、その先に違いがある。まず無駄な表現を整理しよう。「そのもの」はなくても意味は通じる。「風景」は「光景」という類義語に言い換えられているだけ。これでは意味が似ているだけで事態がクリアにならないから「説明」ではない。「段差で仕切られた」も面倒な言い方だ。簡単に「段差がついた」にしても同じこと。これらを整理すると、次のようになる。

高い奥座敷から低い土間まで段差がついた家のつくりが、当主を軸に小作人や手伝い人でにぎわっていた昔の農家をしのばせるということ。

これでハッキリした。この解答では、「段差がついた」という上下の関係が「軸に……にぎわっていた」と、いわば同心円構造に読み替えられているのである。しかし、上下の差という関係をわざわざ同心円にずらす必要性はない。それに「にぎわっていた」だけなら、「土間に人々がひしめいていた」だけでも十分表せるはずだ。わざわざ原文で「段差」に触れる意味はない。「身分」と素直に書いた方がよほど明快だ。次のように書き直す方が妥当だろう。

高い座敷から低い土間まで段差がついた家のつくりが、当主・小作人・手伝い人という身分関係を軸に活動した昔の農家のあり方を表しているということ。(七〇字)

結局、「軸」という言葉は使っているものの、整理すると「身分の上下」という関係は揺るがないのである。

†上下関係に触れない理由

要するに、この二つの解釈で共通しているのは、身分・上下・権力・命令などという政治社会的要素を故意にオミットし、「それぞれの様子」とか「軸に……にぎわっていた」などの、ホンワカした無難な心理に置き換えていることだ。なぜ、話を曖昧にするのか？教学社の答案では、この疑問に対して、次のように釈明している。

なお、「家の中の段差が小作人と当主の厳しい上下関係を反映していた」といった説明は適切とはいえない。筆者の力点は上下の身分関係ではなく、むしろ農業に関わるさまざまな人々のつながりにある。

しかし、これだけでは「上下関係」を取らない理由が説明されていない。この先引用はしないが、釈明はこの二文だけで終わっており、後には続かない。つまり、「筆者の力点は上下の身分関係ではなく、むしろ農業に関わるさまざまな人々のつながりにある」と主張しつつも、その根拠・理由はどこにも示されていないのだ。不思議な説明である。

さらに問題なのは、身分関係に触れた不適切な解答として、「家の中の段差が小作人と当主の厳しい上下関係を反映していた」が挙げられていることだ。「上下関係」に言及するさいに、「厳しい」という形容詞をわざわざつけている。これは否定的な価値判断を表すだろう。しかし「上下関係」に対して、わざわざ価値判断をする必要はない。「上下関係が見て取れる」とメカニズムを指摘するに止めておいても、いっこうに差し支えないはずだ。つまり、この解答作成者は「上下関係」は悪いと思いこみ、それを明確に表すことを忌避しているのだ。

†価値命題と事実命題の混同

社会科学的に言うと、これは「価値命題と事実命題を混同している」事態だ。「……がある」ということと「……がよい/悪い」ということは区別して考えなければならない。前者は事実命題、後者は価値命題と言われる。「……がある」というだけで、それを「よい」とは言えない。たとえば、この世に人種差別があることは、人種差別がよいことだ、ということにはならないようなものだ。

ここでは、逆の理屈になっている。つまり、「上下関係」という「悪い」ものを見た途端に、「そんなものはありえない」と存在そのものを否定してしまう。これは一見人種差別を正当化する言説と反対だが、「価値と事実を混同している」点では同じ事態に陥っている。それどころか、「上下関係」という悪を認めつつも、それを隠蔽しようとすることで、いっそう事態を錯綜させているのである。

社会科学を理解していない＝価値判断抜きに社会を見られない＋その自分に無自覚
→忌避・隠蔽する傾向

†社会的な視点の導入

私は、別にマルクス主義を学校で教えよ、と主張しているわけではない。しかし、社会を見るためにはいくつかのモデルが考えられ、それを使えば、具体的な状況に対してあらたな見方が出来る、というぐらいのスキルは持つべきだと思う。その方法も学校で教え、少なくとも、そういう見方を必要とする問題が出てきたときに、わざと曖昧にしたり忌避したりすべきではない。

この設問自体も、その視点を明らかに要求している。それなのに、上述の解答たちが、そろいもそろって社会的視点を放棄し、見かけの情緒ばかりを強調しているのはなぜか？原理や理論に基づいて社会を見ること自体、「危険思想」だと言われた戦前と何も変わっていないのかもしれない。

現実の見方のパターンを整理する＋具体的状況を分析する→見え方が違ってくる

†社会的視点に自覚的になる

これは、たんなる解答の良し悪しに止まらない。むしろ、思考に暗黙の前提が含まれることへの無自覚という問題だ。身分や階級はない方が良いし、人間は平等であるに越したことはない。しかし、そういう願いとは別に、身分も階級も不平等も厳然として存在している。だとしたら、無視するより、冷静に認識するのが正直な態度だろう。規範に遠慮して、事実を誤魔化し隠蔽する。このような姿勢は、現在表れている問題を認識することを妨げ、現状を正当化することに荷担する。その自覚がないところでは、自分でいくら論理的だと思っていても、足元をすくわれる。だとしたら、我々は素直に冒頭のフランス人の指摘に耳を傾けた方が良いのかもしれない。

この節で学んだ技法
▼社会的背景と日常を結びつける
▼問題を隠蔽する心理構造に気づく
▼事実と価値を峻別する

3　難解な表現を仕分けする――論理的・抽象的表現の解読

論理的・抽象的文章は分かりにくい。その原因の第一が、基本的な抽象語を理解していないこと。たとえば、「概念」「観念」「理念」など、どれも「念」が付いている。どれも「強く思うこと」？　むろん、そうではない。「概念」は、「それがどのようなものであるか、ものごとのエッセンスを簡略に表した言葉」。「観念」は「頭の中で思いついた考え」、あるいは、そこから派生して「頭の中だけで考えたので、現実にそぐわない考え」、「理念」は「理想」と同じで「このようであるべきという考え」である。

たとえば、「人間の概念」とは、「人間はどういうものか？」に対する答えだ。「知性を持ったサル」でも「神によって作られた存在」でもよい。一方、「人間の観念」は「人間が頭の中で思ったこと」。「人間の理念」とは「人間とは理性的であるべきだ」など。こんな風に、抽象語はどういう意味なのか理解しておかないと、突然出てきたら面食らう。

ところが、辞書で対応する言葉を引いても難解な語釈が並び、何が何だかよく分からない。たとえば、大辞泉によれば「概念」とは、「①物事の概括的な意味内容　②形式論理学で、事物の本質をとらえる思考の形式。個々に共通な特徴が抽象によって抽出され、それ以外の性質は捨象されて構成される。内包と外延を持ち、言語によって表される」だそうだ。誰が解説しているのか知らないが、説明の方が難しい。「概括」とは何か？　もう一度辞書を引かなくてはならない。さらに「抽象」とは？「捨象」とは？「内包」とは？……など、次々と疑問が生まれ、結局、意味が分からなくなる。

次の文章を読んで、後の設問に答えよ。

かりに「写真になにが可能か」という問いを自らに発した時、私にはそれに対する答えというより、ほとんど肉体的な反応といったようなものが二通り生れてくる。

一つは、いま自分が生きつつあり、さまざまなかたちで敵対する世界に対して「写真には何もできない」という一種の無力感である。しかしその無力感の下からたちまち意識に上ってくるのは、私が写真によって捕捉《ほそく》しえた世界のさまざまな意味であり、それを考えたときに生じてくる「写真に可能ななにものかがある」という認識である。

実は、われわれの日々は、こうした問いと二様の答えのくり返しであり、どちらか一方だけではありえないのだ。このような事情はなにも写真に限ったことではない。表現芸術のすべてについていいうることなのである。

たとえば、今日、われわれの生きている世界の激しい動きと、その中から生れてきた鮮烈な変革の思想と、その挫折《ざせつ》という起伏を前にして写真になにが可能かと考えた時には、われわれは無力感に陥らざるを得ない。政治と芸術を一元化しているわけではなく、われわれが生きていることのなかに両方ともかかわってくるから、このような無力感も当然なのである。しかし、この無力感の中で「写真にはなにもできない」といい切ったところでどうなるものか。しかしその無力感も、少なくとも写真にまつわるさまざまな既成の価値を破砕し、未知の世界の中に自分を位置づける上では有効である。いわばイ写真にかぶせられた擬制――リアリズムもこのうちに入る――虚構をひとつひとつはがしておのれの意識と肉体が露出するところまで下降する根源的な思考が欠落したところに、どのような透徹した精神のリアリズムもありえない。

だが写真がわれわれに衝撃を与える機会は、いまでも明らかに存在する。多くの人が記憶しているだろう一つの例をあげてみよう。われわれはベトナム戦争について多くのことを知識として知っている。しかしAPのある報道写真家がとった「路上の処刑」という写真ほど、ベトナムの意味を理解させるものはない。それは南ベトナムの国警長官をしていたロアンという男が、捕えた解放軍の兵士を路上で射殺する場面をとった二枚の写真である。一人の男がもう一人の男にピストルを向け、次の瞬間にはイモ虫のように兵士がころがっている。この男の死は、二つのショットの不連続のあいだに消失してしまい、この死の消失には胸の悪くなるようなものがある。ウ美しさも悲しみもないゼロの世界がそこに現われている。この世界の現前は多くの示唆を含んでいる。

この醜悪さが、もはや言葉でも意識でも捉えられないわれわれの存在の深いところに衝撃を与えるのである。しかもこの写真家は戦争を告発する意図によって撮っていたのではない。その写真、あるいは瞬間の写真が継起するあいだに消失した世界は、もはや彼の思想とか意識とかいわゆる主体を越えてしまって、何ものかになってしまっているのである。この写真はなにを記録したのであろうか。われわれは死に立ち会ったというより、死のゼロ化に立ち会ったのである。この痛みはなかなか消えない。

この問題をもう少し広げてみると、写真には、こうした世界の不気味さをとりだす能力がある、ということになる。たまたまそこに居あわせたからということもあろうし、また別の目的でとった写真の場合も少なくない。写真が生れてから百数十年にわたってとられ、残されてきた写真の群れをふりかえってみると、このような無数の人々の無数の偶然によって、全体としてたしかなものも、不気味なものも含めて人間の歴史の膨大な地質を構成しているようにみえる。

そう考えれば、改めて写真と、写真家の意味を問い直すことにつながってくる。写真家は不要なのか。それとも写真家はジャーナリズムの写真ページを構成するプロフェッショナルなのか。

主体の意識を考えた時、写真は不便なものである。エ自分の内部に思想があってそれを写真に表現するという俗流の考え方は、いつも写真によって裏切られるだろう。だが一方言葉で、たとえばアラン・ロブ＝グリエやミシェル・ビュトールらがいかに外的な世界を描写しようと、それは時間の中を動いている意識にすぎないのに比して、写真は無媒介に世界を目の前に現わすわけである。写真と言葉とは異質の系に属しているし、世界をつかむ方法が違っている。今日の文明の変質をとらえて、それは活字文化から映像文化への移行だといわれてきたことにもいくらかの真実が含まれているわけである。読むよりも見る方が「わかりやすい」とか説得的だとかいわれることは、その現前性、直接の機能の一面をすくいとっているだけである。

おそらく写真家は、あらゆる表現者のうちでもっとも不自由な人間かもしれない。

心のうちなる世界をあらわそうとしても、うつるのは外にある対象である。だが、そのような世界とのずれた関係が、実は、私をひきつけるのだ。写真家は、世界が自己をこえていること、そこには不気味なものもあることをもっとも明確に見出《みいだ》した最初の人間であるかもしれない。世界とは、人間そのものではなく、人間の意識によって構成されるものでもない。世界は存在し、かつ人間も存在している。世界とは反人間的な、あるいは超人間な構造と人間という生まの具体性とが織りあげる全体化のなかにある。

(多木浩二『写真論集成』)

〔注〕ＡＰ　アメリカの通信社。
アラン・ロブ＝グリエ　Alain Robbe-Grillet（一九二二〜）フランスの小説家。
ミシェル・ビュトール　Michel Butor（一九二六〜）フランスの小説家。

設問

㈡「写真にかぶせられた擬制」（傍線部イ）とあるが、どういうことか、説明せよ。
㈢「美しさも悲しみもないゼロの世界がそこに現われている」（傍線部ウ）とあるが、どういうことか、説明せよ。

(四)「自分の内部に思想があってそれを写真に表現するという俗流の考え方は、いつも写真によって裏切られるだろう」(傍線部エ)とあるが、どういうことか、わかりやすく説明せよ。

(一) 省略

二〇〇四年東京大学入試問題

一見して小難しい。「擬制」「虚構」「主体」「現前」「無媒介」など、謎の文字が並ぶ。何となく感じは分かっても、にわかには答えられない言葉たち。単語が分かったら、もっとちゃんと理解できるかもしれない……。

しかし、そうではないのだ。こういう一見抽象的でつかみ所のない話は意外に理解しやすい。論理的な文章/話の特徴は、きちんとロジックによって展開されているからだ。当たり前のことを言っているようだが、この意味をきちんと分かっている人は少ない。論理的とは何か? 哲学者の大森荘蔵は、論理とは「冗長である」ことだと喝破した。

われわれが「論理」と呼ぶものは、三歳の童子でもできる若干の語の使い方を基礎にしている。「…でない」という否定詞、「…かまたは…」という撰言詞、「…でありまた…」という連言詞、「…はみんな」という総括の言葉、それに「…は…である」の「である」、この五つの語がどのように使われるかを規則の形で書き上げたのが「論理学」なのである。……言葉の使用規則の組み合わせなのだから、でてくるものもまた規則である。ということは、それらは事実についての情報を全然持っていないということである。

（大森荘蔵『流れとよどみ』）

つまり、論理とは、前に述べた内容に五つの規則を適用して変形することなのだから、「事実についての情報を全然持っていない」というわけ。逆に言えば、後の文に新しい事実情報が入っていたら、それは論理的な話の進め方とは言えない。論理的な文章である限り、必ず、後の文は前の文の繰り返しでなければならない、と言うのだ。

論理的な話の進め方とは、最初の前提を次々に言い換えたものである

我々は、文章には情報が詰まっていると考える。しかし、論理的文章に限れば、その情報は最初に与えた内容で尽きている。原理的には、一行読んだところで、後は言い換えだから、全部理解できる。最初に述べたことを超えた情報は、後では絶対に出てこない。そ

れ以上の情報を後で付け加えたら、それは「論理」にはならない。これが所謂「文脈を読む」ということの正体なのである。

†前後関係による意味の推定

だから、分かりにくい言葉が突然出てきても、あわてることはない。同じことが何度も繰り返して述べられる仕組みになっているのだから、待っていれば同じ意味の言葉が出てくる。しかも次々と。その中で、一番分かりやすいものを理解すればいい。難しいことは後回しにすればよい。そのうち、自然に解決するのである。

たとえば、㈡では「写真にかぶせられた擬制」という抽象的な表現の意味が問われている。難しそうだが、答え方は呆れるほど簡単。なぜなら、傍線部の直後にダッシュ(「——」)記号があり、それが言い換えになっていることを表しているからだ。すると、ダッシュの前の「擬制」は、後の「虚構」と同じ意味。英語で言えばfiction「本物そっくりに作られたまがいもの」。「かぶせられた」は「思われた」の言い換え。ここは「本当はそんなものではないのに、写真とはこういうものだと思われたこと」。つまり、「写真についての思いこみ」。さらに、ダッシュに囲まれた部分を見れば「リアリズムもこのうちに入る」とある。「リアリズム」とは、現実をそっくり写し取る技法である。とすれば、

「写真は、現実をそのままそっくり写し取るメディアである」という思いこみであることが分かる。

写真にかぶせられた擬制
　＝（ダッシュ記号）
かぶせられた／虚構
　＝（言葉の意味をあてはめる）
思われた＋本物そっくりに作られたまがいもの
　＝（分かりやすくする）
写真についての思いこみ＋（例）リアリズム＝現実をそのままそっくり写し取る

これらをつなげれば、解答は次のとおり。

写真は、現実をそのまま写し取るメディアだなど、一般の人々が抱きがちだが、実情とはまったく違う思いこみ（のこと）。

結局、論理的な話は「言い換えの連鎖」で出来ている。Aという表現は、A_1という同義表現に言い換えられ、それがさらにA_2という表現に言い換えられ……とつながっていく。だから、A_1が分からなかったら、前か後の言い換え表現から類推できる。そもそもこれら三つの表現は同じ意味なので、どの表現でも代替できるからだ。だから、「説明しろ」と言われたら、そのうち最もやさしいものを選んできて、「はい、これです」と示せばいい。これは、文章を書くときでも同じ。まずは、一つ伝えたい内容を明確にする。あとは、それを次々に言い換えて、読者に納得しやすい表現を模索していけばよいのである。

抽象的文章は言い換えの鎖である→A＝A_1＝A_2……という構造

†論理と比喩の混合

もちろん、この関係は特殊な表現が入ってきても同じだ。㈢では「美しさも悲しみもないゼロの世界がそこに現われている」の意味説明が求められる。ポイントは、もちろん「ゼロの世界」という奇妙な比喩表現。しかし、この意味は、先を読んでいけば、順々に解き明かされる仕組みになっている。分からなければ、とりあえず先に進む。そうすれば、どこかに、ちょっとましな「言い換え」がある。それを手がかりに当該部分に戻ればいいのである。

意味が分からなくてもあわてない→先に必ず「言い換え」がある

実際、傍線部の直後には「この世界の現前は多くの示唆を含んでいる」とあって、段落が切れている。ここからが言い換えの連鎖になっている。「現前」は字の通りで「目の前に表れること」。つまり、次の段落に、その「示唆」(＝暗示されている意味)が表れていると言うのだ。

傍線部分の「そこ」とは指示語で、明らかに「二枚の写真」を指すから、その写真の内容・意味が書いてある文を次の段落から探す。すると、まず「醜悪」とあり、「瞬間の写真が継起するあいだに消失した世界は、もはや彼の思想とか意識とか……を越えてしまって、何ものかになってしまっている」と続く。後者は傍線部ウとよく似ている。だから、「美しさも悲しみもない」は「思想とか意識とか……を越えて」と言い換えられる。

とはいえ、「越え」たものがどうなったかについては「何ものか」とあるだけ。そこで、さらに先を見てみると、この段落の最後に、またまた「死のゼロ化」という「ゼロの世界」と似た表現が出てくる。「この問題をもう少し広げてみると」と、さらに展開されて

「写真には、こうした世界の不気味さをとりだす能力がある」と言い換えられる。これらの言葉を次々辿っていけば「写真には、思想とか意識とかを越える世界の不気味さをとりだす能力がある」と言い換えられるだろう。

ウ 美しさも悲しみもないゼロの世界がそこに現われている。

　＝（暗示する内容）

瞬間の写真が継起するあいだに消失した世界は、もはや彼の思想とか意識とか……を越えてしまって、何ものかになってしまっている

　＝（同一表現）

死のゼロ化に立ち会った

　＝（展開＝言い換え）

写真には、こうした世界の不気味さをとりだす能力がある

結局、写真は「思想・意識を超えた現実の不気味さ（あるいは醜悪さ）」を表すメディアなのであり、それが「われわれの存在の深いところ（つまり、美しさや悲しみというレベルよりもずっと深いところ）に衝撃を与える」様子が、傍線部ウで述べられているわけ

である。

> 一人の人間の処刑という現実が、思想や意識では捉えられない不気味で醜い光景として示されることで、見る者の気持ちの深いところに衝撃を与える（ということ）。

こうやって、次々に先送りしていけば、必ずどこかにヒントが現れる。つまり、次のような驚くべき定理が言える。「先送り」は、政治や経済の世界では悪いことのようだが、少なくとも論理の世界では解決の方法としては有効なのである。

論理的な話では、問題の先送りは解決につながる

†常識とずれた結論を導く

こういう論理的な話の進め方の目的はどこにあるか？　実は、「常識とずれた結論を導く」ことにある。論理とは、新しい情報が付け加えられないのだから、冗長である。なぜ、こんな面倒なことを延々とやらなければならないか？　それは、最後でめざましい結果を出すためにある。少しずつ退屈な作業を積み重ねていくうちに、気がついたら、あっという結末が待っている。読者の予想を裏切る。そうでなくては、退屈な作業に耐えた甲斐がなかろう。㈣はまさにそういう設問になっている。傍線部エの表現を見よう。

自分の内部に思想があってそれを写真に表現するという**俗流の考え方**は、いつも写真によって裏切られるだろう。

「俗流の考え方」という強い表現に注目してほしい。世に行われている通常のあり方をやや軽蔑的に表現している。「『自分の内部に思想があってそれを写真に表現する』なんて、君たちは（あるいは世の人々は）思っているかも知れないけど、まったく間違いだよ。バカだな」。では、何が正しいのか？　写真の表現はどういう仕組みになっているのか？

この疑問も、やっぱり先を見れば書いてある。ただ直後ではない。なぜなら、直後は「だが一方……」と逆接で始まっているからだ。少し先を見ると「写真は無媒介に世界を目の前に現わす」とある。「無媒介」とは仲立ちするものがないこと、つまり「直接に」という意味。この現れる「世界」がどういう世界かというと、次の段落に「写真家は、世界が自己をこえていること、そこには不気味なものもあることをもっとも明確に見出した」と書いてある。さらに「世界とは反人間的な、あるいは超人間な構造と人間という生まの具体性とが織りあげる全体化のなかにある」ともある。

自分の内部に思想があってそれを写真に表現するという俗流の考え方は、いつも写真によって裏切られるだろう。

＝(「俗流」の意味を取り入れる)

「自分の内部に思想があってそれを写真に表現する」という、世間一般の思いこみは、まったく間違いだ

←(写真の表現はどういう仕組みか?)

写真は無媒介に世界を目の前に現わす

←(どういう世界か? 材料を探す)

写真家は、世界が自己をこえていること、そこには不気味なものもあることをもっとも明確に見出した

＋

世界とは反人間的な、あるいは超人間な構造と人間という生まの具体性とが織りあげる

全体化のなかにある

以上を一文にまとめあげれば、以下のようになろう。

写真は、反人間的・超人間な構造と生きた具体的な人間が創り上げる世界の不気味さを直接に現すもの（メディア）である

このように、写真は「（外側の）世界の不気味さを直接に現す」メディアなら、当然「（写真家の）内部にある思想を表現する」ものではない。「人間の内部の思想を表現する」という考え方は、もちろん人間中心主義的＝ヒューマニスティックな芸術観。こういう芸術の見方はステレオタイプだと筆者は言うのである。これを丁寧に言い換えると次のようになる。

写真は、人間に対立したり、人間を越えたりする構造と、生きた具体的な人間が関係する世界の不気味さを直接に現すメディアであり、自分の内部の思想を表現するという人間中心主義的で通俗的な芸術観は適用できない（ということ）。

言われてみれば、たしかにそうかもしれない。写真とは、人間の内部の思想の表現ではない。むしろ、外部の世界の不気味さ・反人間性を目の前に突きつける機能がある。

†芋づる式に構成する

ただ、こんな風に先送りして読んでいけば、何とか意味は取れるし、言いたいことも分からないわけではないのだが、最初に読んだときのこの課題文の「わかりにくさ」の印象に変わらない。

どうして、このゴツゴツした「わかりにくさ」が出ているのか？　おそらく、この文章が「読者に対して friendly」な工夫をしていないせいであろう。読者と筆者との関係は、「わかり合うところを基礎にして、さらに先に進む」というあり方になっている。つまり、まず共通理解を確認して、それを元に論理展開して、さらに新しい知見に進むという順番が多い。

ところが、この筆者は、そんな事情をお構いなしに、どんどん自分の直観を書く。㈡の「美しさも悲しみもないゼロの世界」という比喩も突然出てくるので、読者は戸惑う。たしかに、先を読んでいけば「ああ、こんなことか」と分かるのだが、その一手間が煩わしい。だから「えい、面倒くさい！」となってしまうのである。この比喩が、もし、前に十分説明されていれば、戸惑いはなくなるはずだ。たとえば、次のように。

たとえば、これらの写真では、一枚目と二枚目の間に兵士は処刑されて死亡したが、もはやその瞬間は消失し、何の意味づけも痕跡も現実には残されていない。いわば、彼の死は「ゼロ」になってしまったのである。

ここで現れているのは、自己と世界のずれた関係である。世界は人間やその意識で構成されるのではない。むしろ、反人間的な、あるいは人間を超えた構造が、生の具体的な人間と関係し、不条理な全体を創り上げる。それを写真は直接現す。だから、われわれの心の深いところに、言葉でも意識でも捉えられない衝撃を与えるのである。

これが、筆者の書きたかった内容であるかどうかは議論が分かれるかもしれない。しかし、分かりやすさという観点からは、だいぶましになっているはずだ。まず「ゼロ」が比喩であることが「いわば」で予告され、前で、その意味が「何の意味づけも痕跡も現実には残されていない」と説明されている。さらに、この議論は「ここで……」とつなげられ、「ゼロ」の印象が「世界と自己のずれた関係」「不条理な全体」と展開される。それが「衝撃」という言葉となって結論づけられる。

つまり、写真の描写という読者との共有事項の確認から始まって、ひとつひとつ先に論が進んでいく。最後に、それが「写真とは何か？」という答えにまで、ズルズルと芋づる式につながっているのだ。だから、読みやすい感じが出てきている。

文章のわかりやすさ＝芋づる式に言葉が出てくる仕組み

だが、課題文では、これらの言葉が、いわば順不同にバラバラ出てくるので、読者の方で整理してやらねばならないのである。読者に読むストレスを与えるという意味では、悪文だろう。だからこそ、国語の問題にもなる。我々が書く文章は読者にストレスを与えてはいけない。すべからく読者にやさしい「芋づる式」を目指すべきなのである。

この節で学んだ思考技法

▼論理とは言い換えに過ぎない

▼理解できない場合は先送りする

▼芋づる式にして理解を助ける

第二章
書くための「型」を身に付ける

4 説得＝対話の構造を作る——意見文の仕組みに習熟する

†論理的な文章とは？

文章には様々な種類がある。小説も俳句も短歌も紀行文もすべて文章だが、書き方はそれぞれ違う。小説ならドキドキするストーリーがあり、読者が感情移入できる主人公が必要だ。短歌ならストーリーはいらない。恋愛の一場面の「恋情」を印象的に表せばよい。俳句になると「感情」はかえって邪魔。風景やモノ、あるいは雰囲気を写真のように切りとる。種類によって「良さ」の基準は様々だ。

では「論理的な文章」はどう書くと「よい文章になる」のか？　よく文章は起承転結が大事と言われる。ゆるゆる始まって段々高まり、趣を変えて結末に至る。だが、この構造は漢詩のあり方だ。アリストテレスの「始めあり、中あり、終わりあり」と同様、どちらかというと芸術の方法論だ。論理的な文章は、小学校以来の分類で言うと「意見文」、つまり自分の意見を表明するためにある。意見とは何か？　基本は「問題と解決」(Problem and Solution) だろう。

たとえば、大学のサークルで「僕たちは大学祭で何をするか?」という話合いをする。「お好み焼きの屋台をやるのが良いと思います」と意見を言う。つまり、意見とは、「大学祭で何をするか?」という共有された問い(Problem)に対して、自分なりに「お好み焼きの屋台をやる」という解決(Solution)を提示するという構造になっている。

論理的な文章は意見である=共有された問題に対して、個人流の解決を提示する

†根拠から説得へのプロセス

しかし、これだけではない。意見を言うと、周囲からツッコミが出てくる。「何でお好み焼きなの?」。それに対して「だって、ボクは広島出身でお好み焼き作るのが得意だから」と答える。「広島風お好み焼きってどう作るんだよ?」とさらにツッコんでくる。「大阪のと違ってごちゃ混ぜにしないんだ。まず、小麦粉を溶いたものをクレープみたいに鉄板に拡げて、その上に山盛りの千切りキャベツをのせる。そこに薄切りのブタ三枚肉を拡げ、天かすをのせ、紅ショウガを散らし……」と手真似つきで説明する。

聞いていた人は「ふーん、じゃあこいつにやらせてみようか?」とちょっと心が動く。疑い深い人は「ホントに得意なのか? どっかの本の受け売りじゃないの?」とさらにツ

ッコむ。「実は、ボクが広島からこちらに出てくるときに、お好み焼きパーティーを開いたんだ。そのときボクが作った味が忘れられないって、今でもメールが来る。ほら、これがプリントアウト」。こんなプロセスを踏んでいるうちに、次第に賛同者が増えてくる。

†根拠の三点セット

このように、意見を言う行為は、問題に解決を示すだけではない。周囲から出てくるさまざまなツッコミに応答し、説得するあるいは納得させる対話にもなっている。その基本は理由・説明・例示。まず「どうして／なぜ？」という問いに対して「なぜなら……からだ」と返し、「くわしくは？」という問いに対して、「それは……なのだ」と分かりやすく説明し、「実際には？」に対して「たとえば……」と例示する。このプロセスを辿るうちに、周囲も納得する。この理由・説明・例示の三点セットのことを「根拠」とも言う。もちろん、状況によっては、三つが全部そろわなくてもよい。

論理的な話の進め方＝問題＋解決＋根拠＝対話・説得の構造

このプロセスは、どこでもいつでも誰に対しても変わらない。したがって、解決を示したら、周囲からの反応を待たず、基本セットを用意すれば話は早い。一見そう見えないが、文章には、この対話構造が基本にあるのだ。

次の文章を読んで、後の設問に答えよ。

環境問題を取り上げる場合、環境を保護することの妥当性はしばしば自明のこととして前提されている。しかし、「環境の保護」が何を意味するかはそれほど明らかではない。これを唱える人々のすべてがこの表現によって同じことを意味しているわけでもない。そして、このような問題においては、表現における微妙な意味の差異が実践上の重大な差異になりうる。

その上、この問題の論議にあたっては、保護されるべき対象として、「環境」だけではなく、「自然」と「生態系」がよく挙げられる。この三者がほとんど同一の意味で用いられることはあるにしても、これら相互間にはニュアンスの違いがあり、場合によってはその違いが重要になる。これらの概念について簡単な分析を試みよう。

まず自然は、近代の自然科学的な見方からいえば、それ自体としては価値や目的を含まず、因果的・機械論的に把握される世界である。人間ももちろん自然の一部分であるから、人為と自然の対立はない。人間が自然にどのような人為を加えても、それは自然に反するものではなく、人間による自然破壊というようなことはありえないであろう。自然のある状態とかある段階に特に価値があるとする理由もない。

（中略）しかし、いうまでもなく、例外的な状況を除けば、人間は自然に人為を加えることなしには生存できない。人跡未踏の原野や原生林を保存する努力が貴重であるのは、それが局地的なものにとどまるからである。このような努力を自然全体に及ぼすことは不可能に近く、万一それが実現するならば、大部分の人間は生存できないであろう。人間の生存を可能にするのは、ある程度の人為の加わった自然である。だから、人類が自らの生存を否定するのでないかぎりは、人間の守るべき自然は、手つかずの自然ではなく、人為が加えられて人間が生存しやすくなった自然であるということになる。

自然は、以上に見てきたように元来は没価値的な概念であり、人間との関連づけによって初めて守るべき価値を付与されると考えられる。では、生態系という概念についてはどうであろうか。

生態系《エコシステム》はごく単純には、「ある地域に生息する生物群集と、その生物群集に影響を与える気象、土壌、地形などの非生物的環境を包括した系」と定義される。そして、「食物連鎖が平衡状態に保たれていれば、生物群集の個体数もほぼ変わらず、そのエコシステムは安定している。しかし、人為によりエコシステムに過度の干渉が行われると、生物種を絶滅させたり、さらには生物が生存できないような環境を作り出してしまう」。また、一般に生物種が少ない生態系ほど生態学的安定度が低いから、生物種の多様性を保つことが重要であるとされる。

この生態系の概念には、機械論的に把握された自然の概念とは違って、価値が含まれており、この価値が倫理規範を根拠づける、という考え方がある。生態系は生物共同体であり、その安定が乱されるならば、多くの種の存続が脅かされる。だから、共同体の構成員としての人間にはこの安定を維持するよう努める義務がある、というのである。アルド・レオポルドによれば、生物共同体の統合、安定、美を保つ傾向にあるものは正しく、反対の傾向にあるものは不正である。このような、生態系または生物共同体の概念からの倫理規範の導出は妥当であろうか。

（中略）エ生態系の概念には、機械論的に把握された自然の概念よりも豊かな内容が含まれているといえるであろう。しかし、それに価値が内在しており、その価値が生態系を守るべしという人間の義務を根拠づけている、と断定するのは難しい。その理由の一つは、生態系の安定が望ましいとされるが、その安定した状態がただ一つではなく多くありうる、ということにある。ある生態系における甲という安定が乱されても、やがては乙という新しい安定が生じるであろう。その場合、甲のほうが乙よりも望ましいとする根拠はない。また、生態系の安定にとって、一般的には生物種の多様性が望ましいとされる。だが、比較的少数の生物種から構成される生態系もあり、これが多数の生物種から成る生態系よりも価値において劣ると断定する理由もない。だから、生態系そのものにとっては、ある安定の状態に特に価値があるという判断は成立しない。しかし、人間にとってはそうではない。どのような安定でもよいのではなく、自らが快適に生存できる安定の状態こそが貴重である。だから、人間が「生態系を守れ」と叫ぶときの生態系とは、実は人間の生存にとって好都合な、生態系の特定の状態にほかならないのである。

環境という概念は、自然や生態系とは異なり、ある主体を前提する。いうまでもなく、いま問われているのは人間という主体にとっての環境である。保護されるべきは人間が健康に生存することができる環境である。だから、環境保護は第一義的に人間のためのものである。

以上の考察が正しいとするならば、「地球を救え」とか「自然にやさしく」といった環境保護運動のスローガンは不適切であることになる。このような表現は、人類が自らのためではなく地球や自然のために利他的に努力する、というニュアンスを含むからである。人類が滅びても、地球や自然はなんらかの形で存続しうるであろう。われわれが守らなければならないのは、人類の生存を可能にしている地球環境条件である。だから、オわれわれの努力を根本的に動機づけるのは人類の利己主義であり、そのことの自覚がまず必要である。

〔注〕○アルド・レオポルド―― Aldo Leopold（一八八七～一九四八）。アメリカの生態学者。

設問

㈣「生態系の概念には、機械論的に把握された自然の概念よりも豊かな内容が含まれているといえるであろう」（傍線部エ）とあるが、どういうことか、説明せよ。

㈤「われわれの努力を根本的に動機づけるのは人類の利己主義であり、そのことの自覚がまず必要である」（傍線部オ）と筆者が述べるのはなぜか、この文章の論旨をふまえて、一〇〇字以上一二〇字以内で述べよ。

㈠、㈡、㈢省略

（加茂直樹「環境と人間」加茂直樹・谷本光男編『環境思想を学ぶ人のために』）

†問題はどこにある？

意見を言うには、まず問題が提示されていなければならない。問題は普通「疑問」「対立」「矛盾」の三つの形で出現する。「疑問」は「……だろうか？」の形、「対立」は「Aは……と言うが、Bは～～と言う」などの形。「矛盾」は「……のはずなのに、～～になってしまう」など、予想と全く違った結果が出てくる形。これらの形の文を探せば、問題はすぐ分かる。

この問題文では「疑問」「対立」が使われている。「疑問」は「『環境の保護』が何を意味するかはそれほど**明らかではない**」、「対立」は「人々の**すべて**がこの表現によって**同じ**ことを意味しているわけ**でもない**」と表されている。したがって、この文章全体の問題は「『環境の保護』は何を意味するか？」となる。

問題は疑問・対立・矛盾の形で出現する

では、「解決」はどこにあるか？　ラストの段落に「守らなければならないのは、人類の生存を可能にしている地球環境条件である」とある。つまり、「環境の保護」とは、「人類の生存できる地球環境条件を守る」ことだ、というのが筆者の解決なのである。

問題	「環境の保護」とは何（を意味する）か？
解決	人類の生存を可能にしている地球環境条件を守ることだ

もし、この文章の要旨を書けと言われたら、答えは簡単。要旨とは、文章の中で筆者が一番言いたいことだから、「問題＋解決」の内容をまとめればよい。つまり、「環境の保護とは、人類の生存を可能にしている地球環境条件を守ることを意味する」が要旨になる。

文章の要旨＝「問題＋解決」の内容を簡潔にまとめる

†叙述の順序は？

ただし、要旨は簡単でもそこに至るプロセスは厄介だ。第二段落では「この問題の論議にあたっては、……『環境』だけではなく、『自然』と『生態系』がよく挙げられる。この三者……にはニュアンスの違いがあり、場合によってはその違いが重要になる。これらの概念について簡単な分析を試みよう」とある。つまり、解決に辿り着くには、「環境」「自然」「生態系」の違いを細かく調べねばならない。そのどれからはじめても結局「人類の生存を可能にしている地球環境条件を守ることを意味する」という内容が出てくれば、それで議論はお終いになる。

この仕組みは数学で言う「場合分け」とそっくりだ。たとえば、$y = f(x)$が負ではないことを証明するときには、$x < 0$、$x = 0$、$x > 0$の三つの場合で$f(x) \geqq 0$であることを確かめる。MBA式ロジカルライティングなら、MECE（相互に排他的かつ全体として包括的であるべきだなどという意味の略語）を強調するところかもしれない。いずれにせよ、この文章全体の構造は、次のようになる。

問題　「環境の保護」とは何（を意味する）か？

論証　環境　自然　生態系

解決　人類の生存できる地球環境（自然・生態系）条件を守ることだ

実際、第三段落冒頭は「まず自然は……」と始まり、第四段落の末尾で「人間の守るべき自然は、……人間が生存しやすくなった自然である」と終わる。第六段落も「生態系は……」と始まり、第八段落「『生態系を守れ』と叫ぶときの生態系とは、実は人間の生存にとって好都合な、生態系の特定の状態にほかならない」と終わる。さらに、第九段落では「保護されるべきは人間が健康に生存することができる環境である」と述べる。このように、結局、どれも「人類の生存を可能にしている地球環境条件を守る」という同じ結論につながるのだ。

†論旨をふまえること

ここから、設問㈤はただちに解答できる。「この文章の論旨をふまえて」とあるから、「環境の保護とは、人類の生存できる地球環境条件を守ることだ」という意見・主張と、そこに至るまでのプロセス、つまり自然・生態系・環境のどれを考えても同じ結果になる、という内容を入れればよいだろう。

そこで、「われわれの努力を根本的に動機づけるのは……」という前半の言葉から、「人類の利己主義だという自覚がまず必要である」という後半の判断にスムーズに言い換える。

この言い換えがうまくいけば、それらをつなげて「……から」と付ければ、理由になる。後は、「われわれの努力を根本的に動機づけるのは」が何の努力なのか、「人類の利己主義」とは何を意味するのか、「そのことの自覚」とは、何をなぜ自覚するのか、を補充すればよい。たとえば、次のように。

われわれの努力を根本的に動機づけるのは……

＝（以下、次々に言い換える）

環境保護をするという人間の努力は根本的には……に動機付けられている

＝

自然・生態系・環境のどれを考えても、結局、人間が生存できる環境を守ることになる

＝

(＝人類の利己主義)

「地球を救え」「自然にやさしく」などの環境保護運動の（利他的な）スローガンは不適切

＝

環境保護運動の実態・本質を見誤らせる

＝（環境保護は）人類の利己主義だという自覚がまず必要である

前半の言葉をどんどん言い換えていくと後半の言葉につながる。逆に言えば、前半と後半の表現をつなぐ言い換えを考えれば、「なぜ、この文が成り立つか」の理由になるのだ。

㈤の解答例
環境保護という努力は、自然・生態系などの類義語を考えても、結局、人間が生存できる環境を守るという人類の利益を目的とし、「自然にやさしく」などのよく言われる利他的なスローガンは、その努力の本質を見誤らせる怖れがあるから。（一〇九字）

この原理は「論理のチェーン」と言われるが、後の節で詳しく説明したい。ここでは、とりあえず課題文全体の問題から解決に至るまでの進行を把握すれば、理由が格段に書きやすくなることを理解していただければよい。

違いを比較する

設問㈣は、前述の場合分けした類義語「生態系」と「自然」の違いをどう認識しているか、を問う設問だ。「違い」を表す方法は簡単だ。二つを並べて、違っているところを目立たせればよい。よく痩身法など「Before」「After」の二つの写真を並べて、その効果をアピールする広告がある。それと同じだ。生態系が意味するものと、自然が意味するものを並べて、その違いを強調する。違いを言葉で強調するなら、対義語を使う。「大きい」に対して「小さい」。「正しい」に対して「間違っている」というように。それ以外の所は、なるべく同じ表現にすると、違いが際だつ。

違いを述べる方法＝二つを並べる＋対義語を使う＋それ以外はできるだけ同じにする

課題文で、自然は「没価値的な概念であり、人間との関連づけによって初めて守るべき価値を付与される」とある。したがって、生態系は以下の二点のどちらかで「自然」と異なるはずだ。

①没価値的な概念でない↓価値が含まれる

②人間と関連づけをしなくても、守るべき価値が付与できる

もちろん②はあり得ない。なぜなら、最初に述べたとおり、この文章では、「環境」でも「自然」でも「生態系」でもすべて「人間が生存しやすくなった自然を守る」という結論になるはずだからである。①が違うところだから「生態系は価値と関連する概念だ」とあるところを探せばよい。すると、第七段落冒頭に、以下のようにある。

生態系の概念には、……価値が含まれており、この価値が倫理規範を根拠づける、という考え方がある。生態系……の安定が乱されるならば、多くの種の存続が脅かされる。だから、……人間にはこの安定を維持するよう努める義務がある

つまり、生態系の価値とは「安定を維持する」ことなのだ。これが、没価値的な自然には存在しない「豊かな内容」になる。生態系には「安定を維持するよう努める義務」という価値・目的がある、というわけである。

生態系の概念
＝
安定を維持するよう努める義務がある
＝
価値や目的がある⇕機械論的に把握された自然の概念
＝
自然よりも豊かな内容が含まれている

したがって、解答は次の通り。

生態系の概念には、価値とは無縁な自然の概念と違って、生物共同体の安定を維持するよう努めなければならないという価値・目的が含まれているということ。

†議論の更なる進行をたどる

ただ、筆者は、この違いをすぐ否定する。なぜか？　中略の後の段落を見れば、その理由は二つ書かれている。

①安定状態は多くありうる→どの状態が良いか分からない
②比較的少数の生物種から構成される生態系も、多数の生物種から成る生態系と比べれば劣っていない

①は明らかだろうが、②は多少説明を要する。「比較的少数の生物種から構成される生態系」だけでは簡単すぎなので、ややくわしい例示を試みよう。たとえば、沙漠の生態系は少数の生物種から構成される。しかし、だからといって沙漠の生態系には価値がないか？　沙漠にもそれなりに生物がいる。たとえば、私はサハラ沙漠で白い蛇を見たことがある。現地のベルベル人たちは、それをPoisson de Sable「沙漠の魚」と呼んでいた。蛇がいるなら、それが食べている昆虫などがいるはずだし、昆虫が餌にする生物もいるはずだ。この生態系が貴重でないとは言えないはずだ。

だが「沙漠も大切」「森林も大切」だとすると、我々はどういう基準でどんな「生態系」を守ったらいいか？　筆者の答えはこうだ。「結局、人間が守るのだから、人間が生きて

いく環境を守れば良いのだよ」。沙漠より林の方が人間は生きられる。だから、沙漠における植林は「沙漠破壊」と非難されない。このように「人間が『生態系を守れ』と叫ぶときの生態系とは、実は人間の生存にとって好都合な、生態系の特定の状態にほかならない」という結論につながっていくのである。

生態系の概念＝安定が大事

→ いろいろな安定状態がある

→ 少数の生物種からなる生態系も劣っていない

→ どれを守るか分からない

→ 人間にとって都合の良いものを守るしかない

これで「生態系」の場合も、議論は終わり。残っているのは「環境」だが、これは簡単に片付けられる。「環境という概念は……ある主体を前提する」→「人間が『人間の環境』の主体である」→「保護されるべきは人間が健康に生存することができる環境」→「環境保護は第一義的に人間のためのもの」。以上、この課題文の全体構造は次のようになる。

問題　「環境の保護」とは何（を意味する）か？

場合　自然　生態系　環境

根拠　没価値的　どれを保護するか不明　人間主体が前提

人間が生存できることを価値基準にするしかない

＝

解決　人類の生存できる地球環境条件を守ることだ

このように、共有された問題に答えるために、問題を場合に分け、それぞれ同じ帰結に辿り着くべく、周囲からのさまざまなツッコミに応答しつつ、自分の議論を展開していく。この仕組みを了解することが理解の基本だし、書くときにも、この構造を意識して、自分が今どこを書いているのか、どこまで議論したのか、いつも覚えている必要がある。

全体構造を理解して、自分がどこまで書いたのか、つねにチェックする

その意味で、論理的文章を読む／書く際には、文学的感受性の有無など二の次だ。むしろ、どういう順序で何を述べれば、他人は納得するのか、その構造を知ること、そのプロセスを律儀に辿ることが必要なのである。「議論の構造」という地図をいつも手元に用意して、今自分がどこにいるか、その風景が地図と対応しているか、要素を確認しつつ進む必要があるのである。

この節で学んだ技法

▼意見とは問題に対する解決である
▼他者からのツッコミを予想して対話する
▼根拠の三点セットを示して説得する

5 具体的なものがわかりやすいとは限らない——抽象化の意味

†日常言語は分かりやすいか？

「普通の言葉を使って、分かりやすく説明してください」。「難しくてよく分からないから簡単に説明してください」。私は、こういう言い方にはちょっと抵抗を感じてしまう。なぜなら、この表現の背後には、「話し言葉が分かりやすい」という思いこみがあるからだ。書物で使われているような難解な言葉を使いさえしなければ、状況はシンプルに理解できるのに、と。

しかしながら、現実は、なかなかそうはうまくいかない。具体的状況はいつもシンプルに構成されているわけではないからだ。事情が複雑で、それを理解するためには、それなりの分析が必要になる場合がある。残念ながら、現実は「やさしい言葉を使いさえすればやさしく理解できる」という幸福な構造になっているとは限らないのだ。それを実感するために、たとえば、次のような問題を考えてみよう。

次の会話を読み、問題1および問題2に答えなさい。

太郎　この間、フランスから帰ってくる機中で、「お客様の中でお医者様、看護師さんはいらっしゃいませんか。」というアナウンスがあった。私が申し出たところ、急病人が出たので診て欲しいというわけだ。患者を一応診て、心配だったので空いていた隣の席に移動して陣取ったんだが、しばらくしてキャビンアテンダントが私にささやいた質問には困った。「この飛行機はこれからシベリアに進み、引き返せない状況になります。このまま成田に向かってよろしいですか。」と言うんだ。

次郎　いやいや、それは大変な質問だね。患者一人の命が君の判断にかかっているわけだ。

太郎　それもあるけど、医者という仕事柄、患者さんの命が私の判断にゆだねられることは、時々あるから、それだけではおどろかないよ。

次郎　飛行機にはそれなりに応急処置用の薬は用意してあるようだけど、それにも限界はあるだろうし、容態がどう変化するか分からないわけだし、血液検査やレントゲンなんかで病気の原因を突き止めるなんてできないわけだから、プロとしても判断に困ることは多いだろう。

太郎　もちろん、そういうこともある。途中で判断の間違いに気づいても、それに対応する準備があるかどうかは心配だった。でも、[1]僕がそのときに「困った」と思ったのはそういうことじゃない。ひとめ見て生命に関わる深刻な状態であったら、何も悩まなかったと思うよ。

次郎　それで、いずれにしても「行ける」と判断したわけだね。途中で容態が急変したら手の打ちようがなかったわけだ。

太郎　そうそう、だから成田に着くまでヒヤヒヤだった。一睡もできなかったよ。

次郎　僕も医者だけど、そんな話を聞くと、自分が名乗り出る自信はないね。

太郎　そうなんだ。帰国後、何人かの知り合いの医者にこの経験を話したんだけど、半数の人が「自分なら名乗り出ない。」と言っていたよ。でもいざその場に出くわしたら、やはりプロとして名乗り出るんじゃないのと思っていたら、ドクター・コールに対する申し出率はどうやらどこでもそう高くはないらしいよ。

次郎　そういえば、アメリカでは自動車事故にあった救急患者に救命処置を施したが、結局、患者の命を救えなかったときに、その治療に当たった医者が遺族から損害賠償を請求されて、問題となったことがあると聞いたことがある。

太郎　医者も神様じゃないから、時として多少の判断の誤りはあるからね。よほどの判断ミスでもないときに、あとから訴訟だ何だってことになるのはいやだね。ただでさえ忙しいのに。それに新聞沙汰にもなってしまうし、そういうとき医者は決まって悪者扱いだからね。

問題1　傍線部について、太郎が「困った」と思ったのは、なぜだろうか。太郎が自分の勤務する病院で診察する場合と比較しつつ、四〇〇字以内で答えよ。

問題2　省略

二〇〇七年東京大学法科大学院入試問題

東大ロースクールの入学試験問題である。一応、日本の最高学府の問題のはずだが、何だか拍子抜けする。太郎と次郎という名前の医者が二人出てきて話をする。「フランスからの帰りの飛行機の中、急病人が出てきた、さあどうする？」という設定だ。話している内容はどうってことない。「大変だったよー」とこぼしているだけである。「そうだろうねー」ともう一人も同意する。言葉も専門用語を使っていないし、理解しにくいところはどこにもない。

ところが、この会話がどうも食い違っているらしい。次郎が、太郎の状況に同情すればするほど、太郎の方は「それもあるけど……それだけでは……ないよ」とか「もちろん、そういうこともある。……でも、……そういうことじゃない」とか、再三否定している。次郎の方は途中であきらめたのか「それで、いずれにしても……」と、次の話題に移っている。頭が良くて理解力にすぐれた人たちの会話のはずなのに、相互のコミュニケーションは取れていないままだ。

日常言語を使ったからといって、相互のコミュニケーションは取れない

†簡単な言葉なのに理解できない状況

具体的状況は簡明に述べられている。何が起こって、どういう判断を迫られたのか、これ以上明快な言葉を使って説明するのは難しかろう。表現はやさしくて、だれでも理解できる。しかし、太郎が困った内容については、ちっとも明らかになっていない。

もし、起こった事態がシンプルならば、それを簡単な言葉で表せば、すぐ分かりそうなものだ。だが、問題「太郎が「困った」と思ったのは、なぜだろうか。太郎が自分の勤務

する病院で診察する場合と比較しつつ……答えよ」を解こうとすると、なかなか難しい。簡単な状況のはずなのに、太郎が何度も否定しているように、次郎の解釈はことごとく的を外している。次郎がバカなだけなのか？　だとしたら、我々は太郎の「困った」を簡単に説明できるはずだが、できない。

こういう場面は、日常生活や仕事の場でもたくさんありそうだ。何かが起こった。困った。その困難さを伝えようと、家族や上役に話す。しかし、どうしても分かってくれない。見当外れの共感ばかり示す。「何てこいつらはバカなんだ！　さっさと分かれよ」心の中でつぶやく。しかし、具体的状況の説明は、我々が思っているほど簡単ではなく、とんでもなく手間がかかるものなのかもしれないのである。

具体的状況は、意外にシンプルではないので、説明しにくい

†どう考えたら理解できるか？

この問題を解くにはどうするか？　状況をちゃんと理解するためには、前後の内容を吟味して、きちんと整理する必要がある。何となく分かるだけではダメなのだ。まず傍線部の前の会話を見てみると、次郎は「いやいや、それは大変な質問だね。患者一人の命が君

の判断にかかっているわけだ」と「飛行機にはそれなりに応急処置用の薬は用意してあるようだけど、それにも限界はあるだろうし、容態がどう変化するか分からないわけだし、血液検査やレントゲンなんかで病気の原因を突き止めるなんてできないわけだから、プロとしても判断に困ることは多いだろう」と言っている。

これらの内容は、簡単に言うと三点に絞られる。まず「患者の命が自分の判断にかかっている」状況。しかし、これに対して太郎は「それだけではおどろかないよ」と応ずる。医者だから当然だ。次の発言は、やや複雑だが二点に整理できる。つまり「設備がそろっていないから、的確な判断がしにくい」と「患者の容態がどう変化するか分からない」だ。これらに対して、太郎は「もちろん、……心配だった」と一応譲歩しているが、結局「そういうことじゃない」と打ち消す。つまり、「患者の命が自分の判断にかかっている」「設備がそろっていないから、的確な判断がしにくい」「患者の容態がどう変化するか分からない」の三点は「困った」原因ではないので、排除しなければならないことが分かる。

全体状況から、関係がない要素を排除する

†傍線部の後を吟味する

では、傍線部の後はどうか？　太郎は「ひとめ見て生命に関わる深刻な状態であるならば、悩まない」という興味深い発言をしている。「……ない」という打ち消し表現がやや分かりにくいので書き換えてみよう。「悩むのは、生命に関わる深刻な状態かどうかが不確実だからだ」。つまり「悩むのはリスクがあって困る」ということ。太郎が「困った」のは、患者の容態が生命に関わるか、それとも関わらないのか、判断できないリスクがあったからだ。患者の容態がどちらに転ぶか分からず、判断ミスをする可能性があるのだ。

ひとめ見て生命に関わる深刻な状態であるならば、悩まない（↑リスクがない）

▼（言い換える）

悩む（↑リスクがある）のは、生命に関わる深刻な状態かどうか不確実だから

＝

判断ミスのリスクが出てくる

†リスクを考える

では、どういう具体的なリスクがあるのか？　患者の容態が生命に関わった場合と、関わらない場合の二つに分けて考えよう。もちろん、判断ミスでない場合は何の問題もないから、判断ミスになった場合のみを考えればよい。

たとえば、太郎が「このまま行く」と判断して、患者の容態が急変して死亡する、または重篤な障害や後遺症が残った場合はどうなるか？　当然、患者本人、または遺族から判断ミスを追及されるだろう。逆に、太郎が「引き返す」と判断して、フランスに戻っても患者はピンピンしていたら？　結果的に、他の乗客の旅程を妨害したことになる。最悪の場合、日程通りに到着しなかったことで、損害が生じたとして、他の乗客からクレームが来たり、損害賠償を要求されたりするかもしれない。

判断	患者	リスク
引き返す	ピンピン	他の乗客の旅程を妨害→損害賠償
このまま行く	容態急変、死亡	遺族からの不満・責任追及→損害賠償

つまり、どっちに転んでも、太郎は損害賠償を要求される危険性があるのだ。これをジ

レンマ状況という。ジレンマとは、どちらを選択しても、最悪の結果が起こりうるので、うまく選べない状況を指す。図示すると、以下のような感じだろう。

引き返すかどうか、判断を迫られる
◀**具体的状況**
患者の容態が不確実である
◀**判断ミスする**
責任を問われ、補償を要求される
◀**ジレンマ**
どちらをとっても、その結果が望ましくない
◀
判断に困る（＝悩む）

†対比の構造に気をつける

設問の条件はもう一つ。解答するときは、太郎の「勤務する病院で診察する場合」と対比せよとある。つまり、この飛行機の場合と病院で診察する場合と、どこが違うかを指摘

しなくてはならないのだ。

病院では、もちろん先のような事態にはならない。なぜなら、飛行機の中の乗客にあたる存在がないからだ。ステイクホルダー（利害関係者）として関わるのは、医師以外は、患者と患者の家族ぐらい。もちろん、太郎は医師として、容態が不確実な患者など山ほど出会っただろう。だから「おどろかない」。しかし、ステイクホルダーとして、何百人もの乗客が関わる、といった事態は初めてだ。経験したことのない状況に困惑したのは、想像に難くない。「フランスに引き返す」という判断がしにくかったのは当然だろう。

ならば、「このまま行く」と判断すれば、何百人もの乗客がステイクホルダーになるという状況から逃れ得ただろうか？　もちろんそうではない。なぜなら、そこで判断ミスしたら、遺族または患者（の代理人である弁護士）から「あなたは医者として充分な判断をしたか？」と必ず問われるからだ。もちろん、「あなた」は「しました」と答えるだろう。しかし、向こうは追及をゆるめない。

†裁判になったときの想定問答

「医者の本分は患者の生命を守ることですよね。あなたは、患者の生命だけを考えて判断したのですか？」

「もちろん、そうしました」

「そうでしょうか？　判断をするとき、一瞬でも『他の乗客』のことを考えませんでしたか？　純粋に患者の生命だけを考えて判断したのですか？」

「あなた」ははたと困る。もちろん、そうではないからだ。「このまま行く」と判断したときには、「引き返したら、クレームが出るだろうな」とたしかに考えた。

「たしかに、引き返したらクレームが出るだろうとは考えましたが、それが判断に影響は与えなかったと思います」

「そうでしょうか？　もし、あなたがご自分の勤務する病院で××さんを診たら、何と言いますか？」

「まず検査を受けるように勧めたでしょうね」

「でも、飛行機の中ではそうしなかった？」

「だって、飛行機の中では器具もありませんし、検査は不可能です」

「おかしいですね。検査を受けるのが、最善の判断だと思ったのですよね」

「そうです」

「では、なぜ飛行機を引き返さして、検査を受けるようにしなかったのですか？」

「だから、検査器具もないし……」

「地上にもどれば、器具はあるはずです。なぜ、その判断を取らなかったのですか？」

「それは、やはり飛行機の運航もあるし、遅れたら私の責任になるし……」

「やっぱり、そうだったんですね。さっきは、あなたは飛行機の乗客がいることは判断に影響を与えなかったと言いました。しかし、今度は、飛行機の運航や自分の責任を気にかけたと言っている。矛盾してませんか？　どちらが本当なんですか？」

「……」

「結局、あなたは患者の生命ではなく、飛行機の運航を優先させ、自分の保身を図った。医師として恥ずべき態度だと思いませんか？」


もちろん、こんな決めつけは不当だ。だが、裁判になったら、これくらいの厳しい追及はざらに出てくるだろう。そのとき、「あなた」は果たして対抗できるかどうか、危ないものだと思う。真面目な人であればあるほど、「もしかしたら、私は患者の生命を第一に考えなかったのかも知れない」などと反省したり、迷ったりするに決まっている。もちろん、そうなったら裁判は負け。最悪の場合、医師資格剝奪なんてことすら考えられる。実際、過去に、何人もの医師が、医療事故裁判で追及されて医療の現場から去っている。

つまり、「このまま行く」と判断したとしても、不測の事態が発生すれば「患者の生命よりも、他の乗客からのクレームがつかないことを優先させた」と非難されるのは必定であり、結局、乗客がステイクホルダーであることは変わらない。つまり、病院で診る場合のように、患者と家族だけでなく、その飛行機に同乗する多くの人々の利害も考慮しなければならない状況が大きく違う点なのだ。

解答例

太郎が困ったのは、判断したときのリスクとして、患者の生死だけでなく、大勢の人間を巻き込むという新たな要素が加わるからだ。当然、その責任の範囲も拡がる。

まず引き返すと決定した場合には、その判断は結果的に他の客の旅程を妨害する。後で患者の容態が重篤でないことが判明したら、遅延の損害賠償を要求される怖れがあろう。逆に、引き返さないと判断して患者が死亡したら、他の客の旅程を勘案したために、医者として最善の救命行動をしなかったのではないか、と遺族からあらぬ疑いをかけられる可能性が出てくる。

もちろん、病院でも、医師は患者への処置に対して責任を取らなければならない。しかし、そのリスクは患者の生死及びその家族への対応に限られる。それに対し、このケースでは、医療以外の範囲まで含みこんで判断し、その結果にも責任を問われる可能性が出てくる。さまざまの場合を想定して、太郎が困惑したのも当然であろう。

（三九四字）

この解答例は、全体が三つに分かれている。まず、太郎の困惑の内容「大勢の人間を巻き込む責任」を冒頭で簡潔に述べた。重要な内容を冒頭で述べるポイント・ファーストの形にしてわかりやすくしている。次の段落は、二つに分かれる。まず「引き返す」と決定した場合のリスク、次に「引き返さない」と判断したときのリスクを説明し、どちらも重大なリスクであることを示した。さらに第三段落は、病院で診た場合との対比である。病院での決定は医療面に限られるのに、この場合の判断は、医療以外の範囲まで影響を及ぼす、と述べて、冒頭の「責任の範囲も拡がる」と対応させて終わりにした。

段落	機能	内容
1	結論	太郎の困惑＝決定に大勢の人間（＝乗客）を巻き込む責任
2	説明	「引き返す」と決定した場合のリスクの重大性 「引き返さない」と判断したときのリスクの重大性

3　対比　病院との対比＝判断が医療以外に影響を及ぼす→責任が拡がる

説明されてみれば、「コロンブスの卵」。けっして難しい問題ではない。しかし、これを短時間で構想して書くためには、ふだんからこのような整理が即座にできるように、訓練しておく必要がある。

†ステレオタイプの理解への傾向

結局、この状況は、次郎の推測するような、「患者の命が自分の判断にかかっている」「設備がそろっていないから、的確な判断がしにくい」「患者の容態がどう変化するか分からない」というタイプの困惑ではない。これらは、どれも通常の診療行為でも起こりうることであり、「飛行機の中」という特殊事情に関わっているわけではないからだ。しかし、「大勢の乗客を巻き込む」ということは、たしかに飛行機の特殊事情である。

だが、問題なのは、ここまで細かい分析をしなかったとしたら、我々が次郎と同じような間違いをしてしまった可能性が少なくないということである。具体的状況の本質を理解するのは、簡単ではない。誤解が起こるのは、我々が事態に対してステレオタイプな見方をしがちだからだ。ステレオタイプとは、定型的で陳腐な決まり切った見方のことだ。次郎も、医者が患者を診る際に「いかにもありそうな」困惑を列挙している。とくに「患者の命が自分の判断にかかっている」「患者の容態がどう変化するか分からない」の二つはそうだろう。

ステレオタイプの理解が、現実の把握を妨げる

もちろん、このようなステレオタイプがいつも悪いとは言い切れない。現代のような情報社会では、決断を速くする能力も重要だ。溢れかえる情報を瞬時に分類・処理していく。そのためには、いくつかのキーワードを最初に決めて置いて「これはどんな問題・状況なのか?」をとっさに判断し、対処を考える。また、そうしなければ時間が足りない。

しかしながら、この問題で見たように、そういう把握は、しばしば現実の状況から大きくくずれる。この会話の場合は、たまたま、そうなっても大過ない状況だったから、あっさり次郎もスルーできたのだが、誤解したまま決断すると、重大な結果を招くケースも少なくない。

そのためには、こういうステレオタイプに頼って処理するだけでなく、具体的状況を分析するスキルを身につけておき、さらに、それを実地で練習しておかなくてはならない。そうすると、問題状況にぶち当たったとき、「何だかおかしいな」という感覚が働いてく

る。時間が切迫しているときでも、はやる気持ちを押さえつつ、じっくり検討するという姿勢も保てるのだ。そういうスキルを持つのが、情報を間違わずに処理する唯一の道なのである。

既定のキーワードだけに頼らず、状況を客観的に分析する

この節で学んだ技法
▼具体的な状況を抽象化する
▼日常言語から離陸し、問題状況を明確化する
▼条件整理して、考える要素を決定する

6　厳密な証明が論理の要——実用のための三段論法

†「なぜ」という問への答え方

「なぜ?」は、自分の主張/意見が受け入れられるかどうかの最初の関門だ。何か自分の考えを述べると、必ず周囲からツッコミが入る。「なぜ、あなたはそう思う/考えるのか?」。はたと答えに窮したら、それであなたの主張はもう受け入れられない。だが、ここを切り抜けさえすれば、次に進めて、「なるほどね」と言ってもらえる確率が増す。その意味で、「なぜ?」に答えられるかどうかは、死活問題なのである。

この種の質問に対しては、「なぜなら……からです」の形できっぱりと答えるのが基本だ。「資料を読んでください」では逃げとしかとらえられない。「あなた自身の言葉で聞きたい」と言われるだけ。何か理由をでっち上げるしかない。その理由を、どう資料の中から見つけて、どう構成したらよいか、それを練習するのが、次の問題である。

次の文章を読んで、後の設問に答えよ。

個人の本質はその内面にあると見なす私たちの心への（あるいは内面への）信仰は、私生活を重要視し、個人の内面の矛盾からも内面を推し量ろうと試みてきた。もちろん、このような解釈様式そのものは近代以前からあったかもしれない。しかし、近代ほど内面の人格的な質が重要な意味をもち、個人の社会的位置づけや評価に大きな影響力をもって作用したことはなかっただろう。個人の内面が、社会的重要性をもってその社会的自己と結び付けられるようになるとき、内面のプライバシーが求められるようになったのである。

プライバシー意識が、内面を中心として形成されてきたのは、この時代の個人の自己の解釈様式に対応しているからだ。つまり、個人を知る鍵はその内面にこそある。たしかに自己の所在が内面であるとされているあいだは、プライバシーもまた、そこが拠点になるだろう。社会的自己の本質が、個人のうちにあると想定されているような社会文化圏では、プライバシーのための防壁は、私生活領域、親密な人間関係、身体、心などといった、個人それ自体の周囲をとりまくようにして形づくられる。つまり、個人の内面を中心にして、同心円状に広がるプライバシーは、人間の自己の核心は内面にあるとする文化的イメージ、そしてこのイメージにあわせて形成される社会システムに対応したものである。

個人の自己が、その内面からコントロールされてつくられるという考え方は、自分の私生活の領域や身体のケア、感情の発露、あるいは自分の社会的・文化的イメージにふさわしくないと思われる表現を、他人の目から隠しておきたいと思う従来のプライバシー意識と深くかかわっている。このような考え方のもとでは、個人のアイデンティティも信用度も本人自身の問題であり、鍵はすべてその内面にあるとされるからである。

これは個人の自己の統一性というイデオロギーに符合する。自己は個人の内面によって統括され、個人はそれを一元的に管理することになる。このような主体形成では、個人は自分自身の行為や表現の矛盾、あるいは過去と現在との矛盾に対し、罪悪感を抱かされることになる。というのも自分自身のイメージやアイデンティティを守ることは、ひたすら個人自らの責任であり、個人が意識的におこなっていることだからだ。このとき個人の私生活での行動と公にしている自己表現との食い違いや矛盾は、他人に見せてはならないものとなり、もしそれが暴露されれば個人のイメージは傷つき、そのアイデンティティや社会的信用もダメージを受ける。

ただしこのような自己のコントロールは、他人との駆け引きや戦略というよりは、道徳的な性格のものであり、個人が自らの社会向けの自己を維持するためのものである。だからこのことに関する個人の隠蔽や食い違いには他人も寛容であり、それを許容して見て見ぬふりをしたり、あるいはしばしば協力的にさえなる。アーヴィング・ゴフマンはこうした近代人の慣習を、いわゆる個人の体面やメンツへの儀礼的な配慮として分析し、その一部をウェスティンなどのプライバシー論が、個人のプライバシーへの配慮や思いやりとしてとらえた。

だが人びとは、他人のプライバシーに配慮を示す一方で、その人に悪意がはたらくときには、その行為の矛盾や非一貫性を欺瞞《ぎまん》ととらえて攻撃することもできる。たとえばそれが商業的に利用されると、私生活スキャンダルの報道も生まれてくるのだ。

しかし、もし個人の内面の役割が縮小し始めるならば、プライバシーのあり方も変わってくるだろう。情報化が進むと、個人を知るのに、必ずしもその人の内面を見る必要はない、という考えも生まれてくる。たとえば、個人にまつわる履歴のデータさえわかれば十分だろう。その方が手軽で手っ取り早くその個人の知りたい側面を知ることができるとなれば、個人情報を通じてその人を知るというやり方が相対的にも多く用いられるようになる。場合によっては知られる側も、その方がありがたいと思うかもしれない。自分自身を評価するのに、他人の主観が入り交じった内面への評価などよりも個人情報による評価の方が、より客観的で公平だという見方もありうるのだ。だとすれば、たとえ自己の情報を提供し、管理を受け入れなければならないとしても、そのメリットはある。

「人に話せない心の秘密も、身体に秘められた経験も、いまでは情報に吸収され、情報として定義される」とウィリアム・ボガードはいう。私たちの私生活の行動パターンだけではなく、趣味や好み、適性までもが情報化され、分析されていく。「魅惑的な秘密の空間としてのプライヴァシーは、かつてはあったとしても、もはや存在しない」。ボガードのこの印象的な言葉は、現に起こっているプライバシーの拠点の移行に対応している。個人の身体の周りや皮膚の内側とその私生活のなかにあったプライバシーは、いまでは個人情報へと変換され、個人を分析するデータとなり、情報システムのなかで用いられる。ボガードはいう。「観察装置が、秘密のもつ魅惑を観察社会のなかではぎとってしまった」。そして「スクリーンは、人々を「見張る」のでも、プライヴァシーに「侵入する」のでもなく、しだいにスクリーンそのものがプライヴァシーになりつつある」と。

スクリーンとは、ジョージ・オーウェルの小説『一九八四年』に登場するあのスクリーン、すなわち人びとのありとあらゆる生活を監視するテレスクリーンのことである。この小説では、人びとは絶えずテレスクリーンによって監視されていることが、プライバシーの問題になっていた。しかし今日の情報化社会では、プライバシーは監視される人びとの側にあるのではなく、むしろ監視スクリーンの方にある。つまり個人の内面や心の秘密をとりまく私生活よりも、それを管理する情報システムこそがプライバシー保護の対象となりつつある。

「今日のプライヴァシーは、管理と同様、ネットワークのなかにある」とボガードはいう。だからプライバシーの終焉《しゅうえん》は妄想であると。だが、それでもある種のプライバシーは終わった。ここに見られるのは、プライバシーと呼ばれるものの中身や性格の大きな転換である。「今日、プライヴァシーと関係があるのは、「人格」や「個人」や「自己」、あるいは閉じた空間とか、一人にしてもらうこととかではなく、情報化された人格や、ヴァーチャルな領域」なのである。そして、情報化された人格とは、ここでいうデータ・ダブルのことである。

（阪本俊生『ポスト・プライバシー』）

〔注〕○アーヴィング・ゴフマン——Erving Goffman（一九二二～一九八二）アメリカで活躍したカナダ人の社会学者。

○ウェスティン――Alan F. Westin（一九二九～　）アメリカの公法・政治学者。
○ウィリアム・ボガード――William Bogard（一九五〇～　）アメリカの社会学者。
○ジョージ・オーウェルの小説『一九八四年』イギリスの小説家George Orwell（一九〇三～一九五〇）が著した*Nineteen Eighty-Four*（一九四九年発表）。

設問

㈡「このような自己のコントロール」（傍線部イ）とあるが、なぜそのようなコントロールが求められるようになるのか、説明せよ。

㈢「情報化が進むと、個人を知るのに、必ずしもその人の内面を見る必要はない、という考えも生まれてくる」（傍線部ウ）とあるが、それはなぜか、説明せよ。

㈤傍線部オの「データ・ダブル」という語は筆者の考察におけるキーワードのひとつであり、筆者は他の箇所で、その意味について、個人の外部に「データが生み出す分身（ダブル）」と説明している。そのことをふまえて、筆者は今日の社会における個人のあり方をどのように考えているのか、一〇〇字以上一二〇字以内で述べよ。

㈠、㈣、㈥省略

†「なぜ?」に答える三つの方法

文章中から理由を見つけるには、普通、三つの方法がある。

①近くで「なぜなら……からである」と書いてあるところを探す
②「なぜなら……からである」をつけて、つながりそうなところを探す
③論理のチェーンを考える

①は簡単だろう。近くで(たいていは直前直後)「なぜなら……からである/だ」と書いてあるところを見つければ、それが理由。これは小学生レベルの問題だ。普通は「なぜなら……」があるなら、大人にわざわざ「なぜ?」とは聞かない。②は、少しずぼらな書き方で、「なぜなら……から」を書く手間を惜しんでいるので、①に比べれば厄介だ。でも、直前直後で、理由になりそうな一文は割と簡単に見つかる。考えるのがイヤなら、片端から「なぜなら……から」をつけていって、意味が通りそうなものを選べばよいが、ちょっ

と工夫すればもっと簡単になる。

(二)の傍線部イでは、「このような……コントロール」という表現に注目する。「このような」は指示語だが、「この」とは違ってピンポイントで何かの単語を指し示すのではなく、ある範囲の事情を指し示す。とすると、直前直後より、もっと前から探した方がよいかもしれない。そこで、前の段落に目をひろげると、内容は次のようになっている。

内容の中心	自己は個人の内面によって統括され、個人はそれを一元的に管理する
詳しい説明など	矛盾に対し、罪悪感を抱かされる → 理由：自分自身のイメージやアイデンティティを守ることは……個人自らの責任だから 帰結：食い違いや矛盾は、他人に見せてはならない 仮想：暴露されれば……ダメージを受ける

†ポイント・ファーストを利用する

つまり、この段落の内容は、冒頭「自己は個人の内面によって統括され、個人はそれを一元的に管理する」でほぼまとめられており、どのように「管理」するか、そこからどんな結果が生じるか、などの詳しい内容が後に続く。要するに、内容は冒頭で尽きていて、後は、その繰り返しになっている。この技法をポイント・ファーストの構造という。分かりやすい文章を書くときの秘訣の一つなので覚えておこう。これを利用すれば、「このような」は、前の段落第一文の内容とつながるとすぐ分かる。㈡の解答は次のようになる。

> 自己は個人の内面によって統括され、個人はそれを一元的に管理（＝コントロール）すべきものと思われているから。（四四字）

†ツッコミに耐える説明

しかしながら、理由説明にはもっと複雑なやり方もある。それが、③論理のチェーンを考える方法である。たとえば、設問㈢では、「なぜなら……からである」をつけて、つながりそうなところを探す方法は上手く行かない。

傍線部ウは主張だから、その後には、「なぜなら……からだ」の一文があって理由になっているのが普通だ。しかし、ここでは「たとえば……」となっていて、いきなり例示になっている。例示は理由にならない。では、前の文に「……から」をつけて、「個人の内面の役割が縮小し始めるならば、プライバシーのあり方も変わってくる（だろう）から」と理由にすることが可能だろうか？

しかし、これはあまりにも曖昧だ。「どのように変わるのか？」「どうして内面を見る必要がなくなるのか？」というツッコミを逃れることができない。それに、この答え方は「内面」や「知る」にどうつながるのか、分からない。前述したように、議論の本質は「他者からのツッコミに対する応答」である。「なぜ？」と突っ込まれて、それに対する答えにまた突っ込まれるのでは、とうてい「解答」にはならない。相手がそれ以上突っ込む余地がないように答え、ぐうの音も出ないようにしておく必要がある。

†論理のチェーンを作る

理由がすぐみつからない場合、論理のチェーンを作ることで解決できることが多い。たとえば、「なぜ、二等辺三角形の底角は等しいのか？」という問題に、我々はどう答えるか？「二等辺三角形というのは、二辺が等しい三角形である。二辺が等しいということは、……」と証明が始まる。つまり、「二辺が等しい三角形」という前提を次々に言い換えていって、帰結である「二角が等しい」にたどりつけば、証明終わり。図示すると次のようになる。

二辺が等しい三角形

◀言い換える

……………

◀

二角が等しい

これは、ちょっと難しく言えば、古典的な三段論法の応用と考えられる。三段論法は、次のようになる。「AならばB。BならばC。ゆえにAならばC」。

大前提　A→B　ソクラテスは人間である

小前提　B→C　人間は皆死ぬ

結論　A→C　（したがって）ソクラテスは死ぬ

だから、「なぜCなの？」ときかれたら、「だって、AならばBで、BならばCだから」とあっさり答えることができる。もし、BからCが明白ならば、「だって、AならばBだからさ」と答えてもOK。右の例で言えば「二等辺三角形は……だから」。この「……」の中に、大前提からの適当な言い換えを代入して、最後に「……から」をつければ、「なぜ？」に答える理由を示したことになる。これを適用すれば、設問㈢に対しても、次のような言い換えが成立すれば、理由がみつかるはずだ。

情報化が進む

◀言い換える

……………

◀

個人を知るのに、必ずしもその人の内面を見る必要はない

†風が吹けば桶屋が儲かる

この「……」の部分はどうつなげるか？　ドミノとかしりとりのように、前から後ろへと、なるべく自然に（というか必然的に！）つながるようにする。たとえば、「風が吹け

ば桶屋が儲かる」では、「風が吹けば、砂埃が舞い上がる。それが目に入って眼病が増える。眼病が増えれば目の見えない人も出てきて、盲人が増える。盲人が増えると三味線の需要も増えるから、ネコの皮が売れてネコが少なくなり、ネズミが増えるので風呂桶をかじる。だから桶屋が儲かる」となる。

もちろん、このことわざは、こんな都合の良いことがあるはずがない、と批判する内容になっている。しかし、この設問では現実の可能性を云々しているのではなく、文章中からどんな理由が出てくるか、を聞いているだけだ。現実可能性は、論理よりむしろ例示やデータなど別な方法で示されることが多い。だから、どういう理由＝論理かを確認するだけなら「風が吹けば桶屋が儲かる」式の大雑把なやり方でまったく問題はないのである。

理由の構造＝「風が吹けば桶屋が儲かる」の論理チェーンである

この設問では、次のようにつなげてみたら、どうだろうか？

情報化が進む

▼

個人情報が蓄積される

▼参照・分析する

▼比較：内面への評価には他人の主観が入り交じる

▼客観的で公平

個人を知るのに、必ずしもその人の内面を見る必要はない

つまり、「情報化が進むと、（必然的に）個人情報が蓄積される。個人情報が蓄積されると、それを参照・分析しやすくなる。個人情報の参照・分析は、他人の主観が入り交じる内面への評価より客観的で公平だ。この方がずっと客観的で公平なら、個人を知るのに、必ずしもその人の内面を見る必要はない」。ちゃんと「風が吹けば桶屋が儲かる」の形になっている。

ラストの「この方がずっと客観的で公平なら、個人を知るのに、必ずしもその人の内面を見る必要はない」はあまりにも当然だから、削って「……から」をつける。同じく冒頭・繰り返しをカットして簡単にすると、以下のようになる。

蓄積された個人情報を参照・分析すれば、他人の主観が入り交じる内面への評価より、客観的で公平な評価ができると考えられるから。（六一字）

†分析して明確化する

結局、理由を明確化するには、言い換えの手順を一つ一つ分解して、そこに「三段論法」という基本システムを適用すればよいのだ。コツは前提に出てきた言葉が必ず帰結に繰り返されること。逆に言うと、帰結のところに、前に出てこなかった言葉が出てきたらダメ。「三段論法」の要素に分解すると、どのように帰結にまで言葉がつながるか、それを丁寧にたどる。うまく、つながりを示せれば「なぜ？」に対して、答えたことになる。

三段論法の活用＝前提から結論までの「……ならば……である」のしりとりを示す

ここまで分かれば、設問㈤はほとんど自明だ。なぜなら、課題文は簡単な対比の構造になっているからだ。課題文前半では、「近代」の個人の捉え方が「内面」を手がかりにしていたとある。それに対して、後半では、むしろ「個人データ／情報」の方が、個人を表すものとしては「客観的」「公平」だとされている。

	時代	内容
前半	近代	個人の捉え方＝内面
後半	現代	個人を表す＝個人データ／情報の方が客観的・公平

ここから、必然的な帰結（つまり、論理的な帰結）として、「内面」（あるいはその類似物としての身体・私生活）より、個人のデータ／情報の方が、個人を表すものとしては信用できる、ということが出てくる。つまり、個人のデータ／情報の方が「人格」とされるので、むしろ「プライバシー」として隠さねばならない。それを、この筆者は、「データ・ダブル」＝個人の外部にデータが生み出す分身（ダブル）が出てきた、と呼ぶのだ。もっと簡単に言えば、筆者は近代と現代を対比し、現代を「データ・ダブル」の時代と性格づけているのだ。「近代との対比」まで書くとやや長いので、そこをカットし、表現を整理すれば、次のような解答になる。最後の「秘すべき領域」は「プライバシー」とした方が

分かりやすいかもしれないが、筆者の表現を活かした。

今日の社会では、個人は、行動や嗜好など外部に蓄積されたデータによって「客観的・公平」に評価される（**現代の状況**）。その結果、個人の心や私生活、親密な人間関係より、外部のデータ・ベースの個人情報の方が自分を表す「人格」として秘すべき領域になったと考えている（**データ・ダブルの必然性**）。（一二〇字）

†論理の冗長性の応用

この方法は、前にも述べた大森荘蔵の「論理とは冗長である」という原理に従っている。最初の前提を次々に言い換えて結論に至れば「なぜ、この結論になるのか？」という問いには、答えられたことになる。なぜなら、最初の前提から、結論に至るまでの道筋が逐一示されたことになるからだ。「なるほど、そうだったのか！」と必ず納得されるはずだ。

この道筋を作ることを、私は「論理のチェーン」と呼んでいる。「なぜか？」が分からない状態とは、前提から結論までの間に障害があって、容易に前提から結論に行けない状況だ。そこに、言い換えの鎖をかけて、こちらの前提から向こうの結論まで行けるようにつなげる。その材料が三段論法だ。結局、議論の妥当性を検証する方法は、昔から変わらない。情報時代になっても、真偽を判断するには「新しい情報」などいらないのである。

この節で学んだ技法

▼「なぜ?」に答える三つの方法
▼理由は、論理のチェーンを使って構成する
▼議論の妥当性は三段論法に分解して確かめる

第三章

納得させるには「技」が効く

7　適切な例を出す――論と例の一致で説得力を

†例示の果たす役割

根拠の役割とは、自分の主張をサポートして「なるほど」と思わせることにあるが、その中で、とくに、例示は理屈ではなく、イメージや現実の迫力に訴える。人間は理屈や論理だけでは動かない。感情や感覚を動員して、はじめて「納得」という状態は訪れる。当然、自分の主張を通すには、適切な例示ができなければならない。

他方で、感情や感覚は、論理よりずっと行動の基礎になりやすい。したがって、適切な例を出せるということは、自分が理解したことを「使える」状態にすることにもつながる。原理を理解するだけではなく、それを具体的なイメージに変換して、現実に適用するためのパワーにする。だから、数学でも物理でも、定理や法則を学んだら、必ず「演習」exerciseをやる。理解したことを手がかりに世界を変えるイメージを持つことが必要なのである。

†例示の喚起力

実際、例示のイメージ喚起力は大きい。たいていの人は、文章を読んでも、論理のつながりなど、気にしない。むしろ、その中で出てきた鮮やかなイメージに引きつけられる。あるいは、口調の滑らかさや巧みな比喩に感じてしまう。「巧言令色鮮し仁」。こういうことをわざわざ言わなければならないのは、いかに人が表面のイメージに惑わされるか、を裏書きしている。

だからこそ、例示は疎かにしてはならない。議論全体としては主張をサポートするという副次的内容にすぎないが、むしろ、読者に対する訴求力は大きいので、細心の注意を払って書くべきだ。具体的な形にしてみると、議論の有効性や射程も分かってくる。たとえば、「世界に平和をもたらすように頑張ろう」などという主張には、「で、具体的にはどうするの?」と聞けば、絶句させられる。

例示の効用＝①読者への訴求力大、②議論の有効性や射程の確認

†例示で気をつけること

例示のポイントは「論と例の一致」ができているかどうかである。つまり、議論の部分で抽象的に述べた内容と、例示で出した具体的なイメージとが、細部に至るまでぴったりと一致していなければならない。「たとえば」と書き出したら、その前に書いてある内容は、その後にあるイメージと一対一に対応していなければならない。それが「議論の一貫性」を作る。

例示＝抽象概念が具体的イメージに言い換えられて、繰り返される部分

たとえば、「黄色にもいろいろある。たとえば……」と書いたら、「……」のところには、「赤に近いオレンジだとか、緑色が入ったレモン・イエローだとか」など、前にある「いろいろ」が表すはずの複数性を反映する。これが、「たとえば、緑色が入ったレモン・イエローである」で終わったら、複数の感じがしない。これは、前と一対一対応していないので、例示としては不正確である。

前段冒頭の「たとえば」に注意したい。「一対一に対応していなければならない」とある前の内容が、「オレンジだとか……レモン・イエローだとか……前……を反映する」と

具体的に言い換えられ、さらに「前と一対一対応していない」例まで出してある。つまり、「一対一対応」という抽象概念が、「オレンジだとか……レモン・イエローだとか」の具体的イメージに言い換えられて、繰り返されているのである。

「一対一に対応していなければならない」
＝（**具体的な対応「たとえば」**）
「オレンジだとか……レモン・イエローだとか……前……を反映する」
⇔（**対比**）
「前と一対一対応していない」例

何をわかりきったことを、と憤慨する向きもあろう。しかし、これが間違いなくできないと、ある概念が現実に存在していることは保証されない。前節で「現実可能性」という言葉を使ったが、考えていることが現実にあるかどうかは、適切な例を出せるかどうかで決まるのである。

以下の文章を読んで、問1～2に答えなさい。

株式会社に経営者がいるのは、株主との契約によってではないのです。それは、会社法という法律が、会社は経営者をもたなければならないと定めているからなのです。それでは、株式会社の経営者が、委任契約にもとづく株主の代理人でないとしたら、いったい彼らは何なのでしょうか？

その答えは――株式会社の経営者とは、会社の「信任受託者」であるのです。信任とは、英語のFIDUCIARYに当たる日本語です。それは、別の人のための仕事を信頼によって任されていること、と定義されます。法律の教科書では普通「信認」と訳されていますが、ここではより意味に忠実な信任という言葉を使っておきましょう。

重要なことは、信任とは契約と異質の概念であるということです。たとえば無意識の状態で運ばれてきた患者を手術する医者を考えてみましょう。この患者は自分で医者と契約をむすべません。だがそれにもかかわらず、救急病棟に詰めている医者は、まさに医者であることによって、患者のために手術をおこないます。ここでは医者は、患者の生命をまさに信頼によって任されています。すなわち、患者の信任を受けた信託受託者です。いや、医者と通常の患者の関係においても、信任という要素が入り込んでいます。なぜならば、医者と患者との間には、医療知識にかんして大きな開きがあるからです。同じことは、弁護士にかんしてもいえます。

ところで、信任の関係とは、それがまさに信頼によって支えられていることから、怠慢や濫用の危険に必然的にさらされることになります。無意識の患者を手術する医者は、さぼろうと思えば、いくらでもいい加減な手術ができます。悪意をもてば、いくらでも人体実験ができます。

株式会社の経営者も同様です。なにしろ、会社それ自体は観念的な存在にすぎないのですから、経営者がさぼろうと思えば、いくらでもいい加減な経営ができます。なにしろ、経営者が経営者としておこなったすべてのことはそのまま会社がおこなったことと見なされますから、悪意をもてば、いくらでも会社を私物化できます。いや、たとえ悪意をもたなくても、同一の経営者が長く経営を続けていると、あたかも会社が自分のものであるかのような錯覚をもちはじめてしまうのは、ごく自然なことです。

(出典　岩井克人『会社はこれからどうなるのか』平凡社、P・79-85から抜粋)

問1　著者は「信任」の概念をどのようなものと考えているのでしょうか。文中で述

べられていた株式会社の経営者、医者、弁護士以外の具体例を二つ挙げながら、説明しなさい。（六〇〇字以内）
問2　省略

二〇〇五年東京大学法科大学院入試問題

†まず根本的な質問に答える

「信任」という一見難しそうな法律用語が出てきて、まず「信任の概念とは何か？」を説明すること、その中で新しい例を二つ出すことと、二種類のことが問われている。もちろん、例示するには、先述した一対一対応に基づかねばならない。たんなる具体的な出来事ではなく、あらかじめ述べられた理由や説明とぴったり対応し、その理由や説明をより生き生きとイメージさせるような出来事を挙げねばならないのだ。

だから、例示するには、まず概念（そのものがどういうものか、一言で表した言葉）をハッキリさせ、次に、それに一対一対応する具体的状況を選ぶ。何となく「こんな感じかナー」ではダメだ。とくに、具体的状況には、さまざまな要素が含まれているので、そのどれに注目するかで、意味づけは変わってくる。ここでも、まず「著者は『信任』の概念をどのようなものと考えているの（でしょう）か？」という根本的な質問に答え、そのうえで具体例を挙げる順序になっている。

例示＝概念の根本的な理解＋対応するイメージへの言い換え

†商取引との対比

では、「信任」の概念とは何か？　冒頭で「株式会社に経営者がいるのは、株主との契約によってではないのです」とある。あっさり「信任の概念とは……である」と書き始めれば良いのになぜ、こんな否定から始まるのか？　これは、我々が「会社」や「経済活動」というと、瞬間的に「契約」に基づいて行われているという思いこみを持っているからだ。だから「それとは違う！」とまず主張して、筆者の主張に注目させるのである。

商取引では、「こういう品物を何日以内に、何個欲しい」という希望を申し出る。すると、売り手の方は「そういう条件でしたら、何円いただかなくては」と応じる。そこで、「ある品物を何日以内に、何個届ければ、何円を対価として支払う」というような契約書を交わす。契約では、希望の条件を詳細に示すことが大事だ。「何日以内に」「何個欲しい」のところは確実に数が示されてなければならないし、「こういう品物」では、どんな機能を持ち、性能はどれくらいか細かく指定する。つまり、契約では、買い手は、自分が欲しいものはどういうものか、を隅々まで知っていて、実際に届けられた品物を適正に評価できなくてはならない。こういう知識は、何となく読者の頭の中に入っている。だから、それと違うと言われると、多少「ビクッ」とする。その「ビクッ」を利用して、筆者は自分の主張を印象づけるのである。

主張は、常識に逆らった形で提示されることが多い＝強い印象をねらう

†「信任」の定義

その上で、おもむろに「信任とは何か？」を定義する。第二段落には、次のようにある。

信任とは、英語のFIDUCIARYに当たる日本語です。それは、別の人のための仕事を信頼によって任されていること、と定義されます。

まず、対応する英単語が挙げられる。普通"FIDUCIARY"と言われても、何のことか分からない。私も知らなかった。だが、分からなかったら、前に説明したように、次を見る。「別の人のための仕事を信頼によって任されていること」。呆れるほど簡単な定義である。だが、さまざまな疑問が湧いてくる。「なぜ信頼しなければならないのか？」「契約とどこが違うのか？」「なぜ、契約以外にこういうことが必要なのか？」何も答えられていない。この定義だけでは簡単すぎて使いにくい。

そこで、第三段落以降を見ると、契約との対比を繰り返しつつ、「医者と患者」の例を交えながら説明している。

重要なことは、**信任とは契約と異質の概念**であるということです。

たとえば無意識の状態で運ばれてきた患者を手術する医者を考えてみましょう。この患者は自分で医者と**契約をむすべません**。だがそれにもかかわらず、救急病棟に詰めている医者は、まさに医者であることによって、患者**のために**手術を**おこないます**。ここでは医者は、患者の生命をまさに信頼によって任されています。すなわち、患者の信任を受けた信託受託者です。いや、医者と通常の患者の関係においても、信任という要素が入り込んでいます。なぜならば、医者と患者との間には、医療**知識にかんして大きな開きがある**からです。同じことは、弁護士（中略）にかんしてもいえます。

次の段落は「ところで……」で始まっており、違う話題になっているはずだ。したがって、この部分のみを手がかりに、「信任とは何か？」を理解しなければならない。

たしかに、ここはちょっと入り組んでいる。説明と例示が一緒くたになっているからだ。普通は、抽象的な理由・説明がまず示され、それからよりクリアにするために、具体的イメージとして例示が続くという順序になっているのだが、ここでは、理由や説明抜きで、いきなり具体的イメージが始まり、その中に説明の部分も含みこまれている。つまり、設問はこのややゴチャゴチャした叙述から、純粋に理屈の部分＝説明を抜き出すとともに、新しい例を二つ出してくれ、と要求しているのである。

具体例の中から、必要な条件を抽出する

†状況の分析

まず、具体的状況から抽象的条件を抜き出そう。救急患者は契約を結べない。意識不明の重体なので、自分の意思を表示して相手と合意に達することができないからだ。それでも、もう一方の当事者である医者は相手の「ために」処置をする。そういう信頼関係がある。患者の側から言えば、意思を示せず契約を結べない状態でも、自分のために相手は行

動してくれる関係が成り立っている。もちろんこの事情は普通の事例でも成り立つ。なぜなら、医者と患者の間には医療知識で大きな差があるので、患者は「こういう風にして欲しい」と細目にわたって示せないからだ。つまり、次のような関係が成り立つ。

具体的状況　　　　**一般化・共通する本質**

意識がない
知識がない
→意思を細かく示せない→相手の利益のために処置＝信任

「意識がない」か「知識がない」かは、具体的な状況によって変わるだろう。とすれば、信任のポイントは、「一方が何らかの事情で意思を細かく示せないときでも、他方が、その人の利益のために処置する」にあることが分かる。

定義＝具体的細部を捨象して、共通する本質だけを抜き出す

これを信任する／されるという二者関係という点から言い直せば、「一方が何らかの事情で意思を細かく示せないときでも、十分な経験と知識を持つ者が、その人のために、仕

事を遂行することが信頼関係として期待されている状態」となろう。たとえば、一方は「うまくやってください」と期待し、他方は「大丈夫。まかせてください」と請け合う関係だ。だが「具体的にどう行うか」について、詳細な規定はない。つまり、行為にはかなりの裁量の余地が生ずる。当然、責任については全面的あるいは包括的に負うということになる。

†契約との対比

これは、はじめに確認した契約関係と大きく違う。契約では、一方がこまかく意思を示し、他方がそれを承諾したときに、はじめて契約が発生する。つまり、両者は、合意内容について、同じ程度の知識・経験を有していることが前提となる。だから、「……をおねがいします」「承知しました」となるので、「……」を指示通りに履行することについては責任が生ずるが、それ以外つまり契約にないことに関しては「知りません」で済む。責任は部分的・限定的なのだ。以上をまとめると、次のような対比表が作れる。

	契約	信任

関係	対等＋合意	格差＋信頼
意思	示せる	細かく示せない
行為	契約の範囲でのみ行う↓裁量の余地小	相手の利益を考慮する↓裁量の余地大
責任	部分的・限定的に負う	全体的・包括的に負う

「信任」の定義を書くには、右に書いた要素を適当につなげるだけで出来上がる。こんな感じでどうだろうか？

> 信任とは、委任者が自分の意思を細かく示せない場合、信頼関係に基づいて、充分な知識と経験がある者が、その利益のために行為することである。当然のことながら、受任者は自由に裁量することを許されるが、その結果については、委任者の利益を実現したかどうかという観点から、全体的・包括的に責任を負わされることになる。

表の要素が、解答に生かされていることが確認できるはずだ。まず、第一文は、表の「関係」「意思」に焦点を置いて、行為の性質の一部「相手のため」まで述べた。その上で、第二文は「行為」のとくに裁量の部分と、「責任」を主に述べた。一文に、あまり内容を詰め込まず、せいぜい一文に二内容ぐらいに止める。論理的文章の本質は冗長であるとは言っても、文章表現それ自体はスッキリとしていた方がよいのだ。

一文にたくさん内容を詰め込まない

†具体例を出す場合のポイント

結局、信任のポイントは四つある。箇条書きにすると以下のとおり。例示では、必ずこの四つの要素が含まれていることを確認する。先述した「論と例の対応」である。

(1)信頼関係（合意ではない）
(2)知識、技術等の面で当事者間に開きがある（対等関係ではない）
(3)委任者の利益を図る
(4)包括的に委任する（裁量の幅が広い・全面的責任）

たとえば、航空機のパイロットはどうか？　乗客がパイロットに期待することは「目的地までの安全な運行」であろう。これを実現するためには、航空機の性能、操縦、大気の状態、空港の状態などについて、充分な専門的知識と経験を持っていなければならない。だが、もちろん、乗客はこんな知識を持っているはずがなく、パイロットと対等関係ではない(2)。だから、パイロットの技量を信頼して任せる他ない(1)。

他方、パイロットは「目的地まで安全に到着する」という乗客の利益を実現すべく、判断し、決断する。悪天候の時などは、あえて出発時間を遅らせることさえある(4)。これは、しばしばスケジュール変更など、乗客の一時的な不利益になることもあるが、あくまで「目的地までの安全な運行」という最大目的に合致するためである(3)。この目的遂行に失敗すれば、もちろん何らかの責任を取らされることになる(4)。（実際は、航空機事故がパイロットのヒューマン・エラーである場合はかなり少ないらしいが……）

†対応をチェックする

例の選択を間違えると、この対応が上手くいかない。たとえば、タクシーの運転手と乗客の関係でも「目的地までの安全な運行」は目的になっている。しかし、そこまでの行程については、「高速道路を使いますか?」と運転手の方から聞かれるかもしれない。つまり、時間を優先するか、お金を優先するか、乗客の意思を確かめるのだ。「高速で行ってくれ」と依頼すれば、そのとおりにするので、運転手の裁量範囲は比較的小さい。この場合なら、条件を細かく事前に取り決めているという点で、契約に近くなる。

いずれにしても、先述の四つの条件が満たされているかどうかは、いちいちチェックせねばならない。つまり、例示として挙げるためには、元の原理・本質を徹底的に理解して、大事だと思われる条件の全てを含む具体的イメージを挙げなければならない。逆に曖昧な例を挙げると、せっかく説明した意味を誤解されかねない。これでは逆効果だ。

例示=元々の原理の大事だと思われる条件の全てを含む必要がある

では、今まで分かったことを使って、設問を解いてみよう。例として、もう一つ、サッカーの監督を挙げておいた。論との対応が出来ているかどうかは、読者の方でチェックされたい。

解答例一

信任とは、委任者が自分の意思を細かく示せない場合、信頼関係に基づいて、充分な知識と経験がある者が、その利益のために行為することである。当然のことながら、受任者は自由に裁量することを許されるが、その結果については、委任者の利益を実現したかどうかという観点から、全体的・包括的に責任を負わされることになる。

たとえば、乗客が航空機のパイロットに「目的地までの安全な運行」を期待する。しかし、乗客は、航空機の操縦、大気・空港の状態などについて、専門的知識と経験を持っていない。だから、パイロットの技量を信頼して任せる。他方で、パイロットは乗客の利益を実現すべく、判断・決断する。悪天候の時などは、あえて出発時間を遅らせ、乗客の一時的な不利益になることもあるが、あくまで最大目的に合致するためである。失敗すれば、もちろん何らかの責任を取らされる。

あるいは、サッカーのサポーターはチームの勝利を願って熱狂的に支持する。しかし、「どうすれば勝てるか？」について、充分な知識と経験を持つわけではない。戦略・戦術・選手の起用法に長けた監督を信頼して任せる他ない。他方で、監督の方もサポーターの願いを実現すべく、一人で判断し決断する。人気選手であっても、あえて先発メンバーから外すこともあるが、これも「試合に勝つ」という目的を実現するためである。当然、試合に負け続ければ、「更迭」という形で責任を取らされるのだ。

（五九六字）

構成は次のとおり。最初の段落が定義で、次の二つが例示になっている。

段落	機能	内容
1	定義	信頼関係＋利益を考慮＋裁量＋全面的責任
2	例示1	パイロットと乗客
3	例示2	サッカーの監督とサポーター

このように、具体的な例示がきちんとできるということは「信任」という概念が現実的にも有効であることを示している。つまり、「信任」は、たんに頭の中だけの観念ではなく、現実と対応し、それを分析する有効な考えであることが分かる。例示ができることで、概念の現実妥当性が示されるのである。

†構成をシェイプ・アップする

この解答は、設問の要求していることをシンプルに実現しており、正解としてはこれで充分なのだが、何となくモタモタした感じもする。これは①例を複数出していることと②最後が例示で終わっていることが原因だ。

普通、例示は一つでよい。なぜなら、例示は言いたいことのサポートに過ぎないので、簡潔に書くには、最適の内容を一つだけ書けば充分だからだ。それをこの問題では、わざわざ二つ書け、と要求している。その結果、内容に繰り返しが多くなり、しつこい感じがするのである。

例示は、通常、最適な内容のものを一つだけ出せば充分である

これを避けるには、せっかく二つの例を出すのだから、四つの条件を皆含んでいたとしても、そのうちのいくつかだけをそれぞれの例で焦点化するとよい。たとえば、パイロットの場合は、(1)(2)の条件を強調し、サッカーの監督の場合は、(3)(4)の条件の所だけ強調するというように。そうすると、上記の解答例は次のように書き換えられる。

解答例二

信任とは、委任者が自分の意思を細かく示せない場合、信頼関係に基づいて、充分な知識と経験がある者が、その利益のために行為することである。たとえば、航空機の乗客とパイロットの関係では、乗客は「目的地までの安全な運行」を期待するが、自分自身は、航空機の操縦、大気・空港の状態などについて、飛行機の運航に関する専門的な知識と経験を持っていない。だから、パイロットの技量を信頼して任せるしかない。逆に言えば、その信頼に応えようと最善を尽くすのが、パイロットの職務となる。

一方、このような関係においては、受任者は委任者の利益を図るために、自由に裁量することが許されるし、実際にそうせざるを得ない。したがって、その結果については、委任者の利益を実現したかどうかという観点から、全体的・包括的な責任を負わされる。たとえば、サッカーの監督は、サポーター（あるいはサッカー協会）からの信任を受けて、試合に勝つべく、判断し決断する。そのため、人気選手であっても、あえて先発メンバーから外すこともある。当然のことながら、自分の采配の結果、試合に負け続ければ、「更迭」という形で全面的な責任を取らされる。

このように、信任とは、知識、技術等の面で当事者間に開きがあるなど、不平等な関係にある場合でも、知識と経験を持つ者が、信頼に基づいて委任者の利益を図り、その結果にも全面的責任を持つという関係なのである。（五九二字）

†なぜ、まとまった感じがするか？

こちらの方が、なぜか文章がまとまった感じがする。実際、解答例二の方は、各段落のポイント・センテンス（段落の主要な内容を一文で表した文）が冒頭で明確に述べられ、その段落で何が書かれているか、先を読む前から予測が出来る。これが段落を読みやすくしている。さらに、最後には、今までの内容をすべて集めて、最後にまとめの文まで付けることができた。そのため、完結した感じがさらに高まるのである。

段落の冒頭にポイント・センテンスを置くと読みやすくなる

しつこいようだが、構成は次のとおり。

段落	機能	内容
1	定義と例示	信頼関係＋利益を考慮↓パイロットと乗客
2	展開と例示	裁量＋全面的責任↓サッカーの監督とサポーター
3	結論	信頼関係＋利益を考慮＋裁量＋全面的責任

注意してほしいのは、「まとまった感じ」を受けるのは、たんなる主観的感想なのではなく、構成という客観的な基礎があるからだということである。「感じ方は人それぞれだよね」と簡単に言い切れない。「感じ」を生むには、その基礎を作る必要があるのである。

主観的な印象＝客観的な基礎がある

†スキルを身につけるとは？

簡単な問題だったはずなのに、フルに説明すると大変だ。本来なら、これが四、五〇分でさっと書けなければならない。だが、初心の場合はいちいち手続きを踏んでやるので、膨大な時間がかかる。車の運転でも、教習所では「四つ角を曲がるときは、右を見て左を見て」という動作をしつこいほど練習する。それも、いちいち首を動かさないと教官から怒られる。だから、曲がるのにやたらと手間がかかるが、免許を取った後で、そんなことをする人はいない。もう、スキルは身についているので、眼で確認すれば済む。

文章についても同じである。初心の間は、いちいち「論と例の対応」を意識して、それを読む人の立場に立って、一つずつチェックしなければならない。だから膨大な時間がかかる。しかし、それを「面倒だ」と忌避していたら、いつまで経っても、まともな文章が書けるようにはならない。

よく「文章を書くのに時間がかかるけど、どうしたらいいか?」と聞かれるが、答えは一つしかない。「正しい方法で何度も練習する」こと。車の運転と同様で、身についてしまえば後はいちいち意識しなくても、自然に体が動く。逆に言うと、試験の練習だからといって、初めから制限時間を決めて書くのは間違い。大切なのは、きちんとしたプロセスに則って全力を振り絞るという経験の積み重ねであって、時間内に終えられる適当な内容でごまかすことではない。方向を間違えてはならないのだ。

初心の時は、正しい方向をいつも確認するので、時間がかかる

この節で学んだ技法

▼概念を完全に理解して例示する
▼具体的状況から必要な条件を抽出する
▼概念と例示の一対一対応をつくる

8　有効な仮説で現状を分析せよ――パズル解きの価値

†オリジナリティの意味

オリジナリティや個性は、たしかに重要だ。今までにないことを発明したり、人とは違うスタイルを打ち出したりすることには価値がある。とくに、情報社会あるいは知識産業では、オリジナリティだけが価値を生み出すと言われる。しかし、必ずしも全ての人がオリジナリティを目指さなければならないわけではない。

科学史家トーマス・クーンは、科学者を二種類に分ける（トーマス・クーン『科学革命の構造』）。ニュートンやアインシュタインのように、現象の新しい見方（パラダイム）を提供する独創性溢れる人々と、その見方に基づいて、個々の現象を説明しようとする通常科学者（normal scientist）。まず、現象の見方を決めるのが前者のイノベーターたち。そのルールに従って、次々と現象を解明していくのがノーマル・サイエンティストだ。クーンは、後者の活動を「パズル解き」にたとえる。あるルール（＝パラダイム）を信じて、問題を実際に解く。それが「科学の進歩」なのだと言う。

†優秀なフォロワーになる

どっちの方により価値があるか、何とも言えない。たしかに独創的な人々は、今まで存在しなかった見方を創り出す。でも、そのルールを使って、たくさんの謎が実際に解かれることも大事だろう。世界を実際に変えたり、役に立つ知識を発見したりするには、みんながアインシュタインになる必要はない。むしろアインシュタインの原理をとりあえず信じて、上手にフォロワーになる方が新しい発見になるかもしれないのである。

以下の文章を読んで、設問(1)から設問(5)に答えなさい。

カリフォルニア州サンフランシスコのウィンダミア・アソシエーツは、「購買階層」という製品進化モデルを作成した。このモデルは、機能、信頼性、利便性、価格の四段階を一般的なサイクルとしている。まず、機能に対する市場の需要を満たす製品がない場合、競争の基盤、つまり製品の選択基準は、製品の「機能」になりやすい。しかし、機能に対する市場需要を十分に満たす製品が複数現れると、顧客は、機能にもとづいて製品を選択できなくなり、「信頼性」にもとづいて製品やメーカーを選択するようになる。信頼性に対する市場の需要が、メーカーが供給できる信頼性を上回る間は、顧客は信頼性を基準に製品を選択し、最も信頼性の高い製品の、最も信頼性の高いメーカーがプレミアムを稼ぐ。

しかし、複数のメーカーが、市場が求める信頼性を満たすまでに改良を進めると、競争の基盤は「利便性」へと移る。顧客は、最も使いやすい製品と、最も取引しやすいメーカーを選択するようになる。この場合も、市場の需要が、メーカーが供給できる利便性を上回っている間は、顧客は利便性を基準に製品を選択し、メーカーはそれに対して価格プレミアムを受ける。最後に、複数のメーカーが、市場の需要を十分に満たす便利な製品やサービスを提供するようになると、競争の基盤は「価格」へと移る。購買階層のある段階から別の段階への移行を促す要因は、性能の供給過剰である。

(中略)

一九二二年、トロントの四人の研究者が、動物のすい臓からインシュリンの抽出に成功し、それを糖尿病患者に注射することで、驚くべき結果が得られた。インシュリンは牛や豚の成長したすい臓から抽出するため、インシュリンの純度(不純物のppmで測定)を高めることが、重要な性能向上の軌跡となった。主に、世界最大のインシュリン・メーカー、イーライ・リリーの継続的な投資と努力によって、不純物濃度は、一九二五年の五万ppmから、五〇年には一万ppm、八〇年には一〇ppmまで低下した。

こうした改良は進んだものの、動物のインシュリンは、人間のインシュリンとはわずかに異なるため、ごく低い確率だが、糖尿病患者の免疫システムに抵抗が生じることがあった。このため、イーライ・リリーは一九七八年、ジェネンテックと契約し、構造的には人間のインシュリンたん白質と同じで、一〇〇%の純度を持つインシュリンたん白質を生産できるように遺伝子組み換えを行ったバクテリアを開発した。このプロジェクトは技術的には成功し、八〇年代初期、約一〇億ドルを投資したすえに、イーライ・リリーはヒューマリンというインシュリン製剤を発売した。人間のものと同じ構造で、純度が高いことから、動物から抽出したインシュリンより二五%高い価格に設定されたヒューマリンは、人間に投与するものとしては初めて、バイオテクノロジー産業から生まれた商業ベースの製品だった。

しかし、この技術の奇跡に対する(A)市場の反応は冷たかった。動物のインシュリンより高い価格を続けることは難しく、ヒューマリンの売り上げの伸びは期待外れなほど鈍かった。(中略)

一方、はるかに小規模なデンマークのインシュリン・メーカーである、ノボは、インシュリンを手軽に摂取できるインシュリン・ペン製品を開発していた。通常、糖尿病患者は注射器を持ち歩き、その針をガラスのインシュリンのバイアル*に挿入し、必要量よりわずかに多めのインシュリンを吸い上げ、針を上にして注射器を何度か叩いて、シリンダー壁に付いている気泡を取り除く。たいていは、もう一つの遅効性のインシュリンについても、同じ手順を繰り返す必要があった。ピストンをわずかに押して、残った気泡といくらかのインシュリンを注射器の外へ押し出して、ようやくインシュリンを注射できる。このプロセスには、通常、一～二分はかかる。

ノボのペンには、二週間分のインシュリンを、通常は速効性のものと遅効性のものを混合して入れたカートリッジがある。ノボのペンを使うには、小さなダイヤルを回して必要なインシュリンの量に合わせ、ペンの針を皮下に刺し、ボタンを押すだけである。全部で一〇秒もかからない。イーライ・リリーが、ヒューマリンの価格プレミアムを維持しきれなかったのに対し、ノボの便利なペンは、インシュリン一単位につき三〇％の(B)価格プレミアムを容易に維持できた。八〇年代、ペンと混合済みカートリッジの成功によって潤ったノボは、世界のインシュリン市場でのシェアを拡大し、収益性を高めた。(中略)

(この問題についてハーバードビジネススクールの講義で)議論するとかならず、思慮の深い学生の意見によって、(C)あとで当然に思えることも、戦いのさなかにはよく見えない可能性があるという意見に、クラス全体が傾いていく。たとえば、イーライ・リリーのマーケティング**担当者が意見を求める医師のうち、特に信頼できるのはだれだっただろうか。この事業の最大の顧客、糖尿病治療に重点を置いている内分泌科医だろう。これらの専門家の関心を最も引きそうなのは、どのような患者だろうか。病状が進んで治りにくい患者であり、特にインシュリン抵抗の顕著な患者だろう。それでは、これらの主要顧客は、イーライ・リリーのマーケティング担当者に次世代のインシュリン製品をどう改良するべきかと聞かれたとき、どのように答えるだろうか。主要顧客の力と影響力は、企業の製品開発の軌跡が主流市場の需要を超えてしまう最大の理由である。

さらに、思慮のある学生は、たいていのマーケティング・マネージャーは、一〇〇%純粋なヒトインシュリンが市場の需要を超えるかどうかという問題を考えもしないだろうと言う。強固な文化を持ち成功してきた企業のなかで、五〇年以上にわたって、純度を高めることが製品を改良する目的だった。インシュリンの純度を高めることが、いつも競争の頂点に君臨する方法であった。営業担当者は、純度が高まったという魅力的な話をすれば、いつも忙しい医師の時間と注意を引きつけることができた。そのような状況下、それまでの同社の歴史と文化に深く根ざした仮定を突然変更させ、以前は答えを聞く必要もなかった質問を、どうして投げかけることができただろうか。

(クレイトン・クリステンセン『イノベーションのジレンマ』玉田俊平太監修、伊豆原弓訳、翔泳社、二〇〇一年、なお一部削除したり説明を加えたりした箇所がある)

(注)

＊vial ガラス瓶、水薬瓶。

＊＊商品の販売やサービスなどを促進するための活動。

設問(1) 傍線部(A)について、市場の反応が冷たかった理由を、問題文の趣旨に即して一五〇字以内で説明しなさい。

設問(2) 傍線部(B)について、プレミアム(premium)とは割増しを意味し、価格プレミアムがつくとは、競合する他社の製品より高い価格で売れることを意味するが、価格プレミアムを維持できた理由を、問題文の趣旨に即して八〇字以内で説明しなさい。

設問(3) 傍線部(c)について、あとで当然と思われたこととは何か、またそれがよく見えなかった理由はなにか、問題文の趣旨に即して、二五〇字以内で述べなさい。

設問(4)　問題文の趣旨に即して考えると、インシュリンをめぐる競争は今後、どのようなものとなっていくと予想できるか、八〇字以内で述べなさい。

設問(5)　第1図は日本の四輪車の生産台数、国内販売台数、輸出台数の推移を示したものである。また第2図は、四輪車の主要輸出先であったアメリカでの国産車（アメリカ車）と日本車のイメージを調査した結果である（一九七〇年代末頃の調査）。石油危機（第一次石油危機は一九七三年、第二次石油危機は一九七八年に発生）を経験した一九七〇年代以降、日本車の輸出が増加した理由として、どのようなものが考えられるか、問題文の趣旨も取り入れつつ、二五〇字以内で説明しなさい。（第1図と第2図は、森川英正編『ビジネスマンのための戦後経営史入門』日本経済新聞社、一九九二年より引用）

第1図　自動車の生産・国内販売・輸出台数の推移（四輪車）

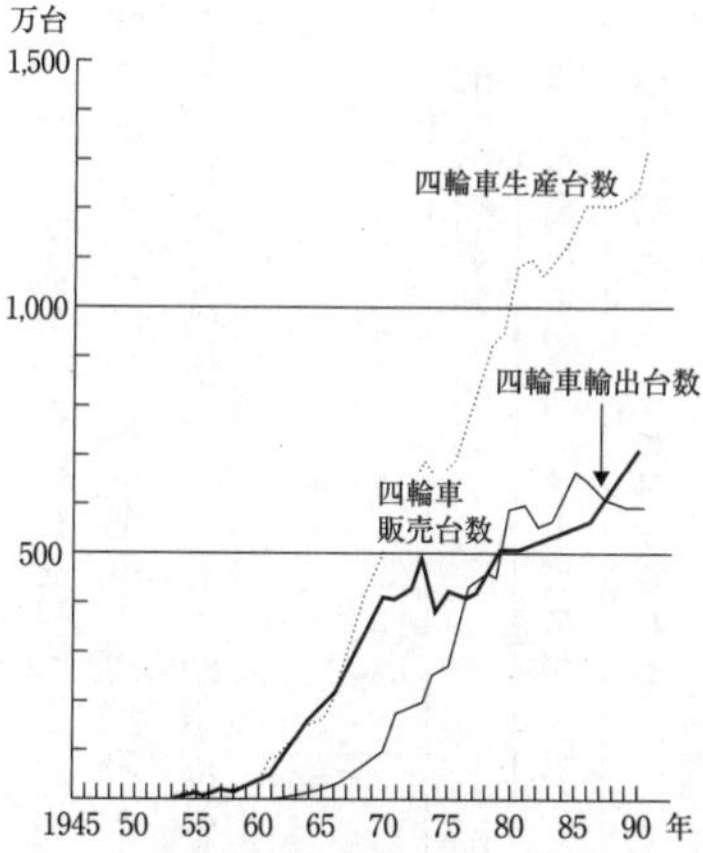

第2図　アメリカ人の国産車と日本車に対するイメージ比較（日本車を使用している人）

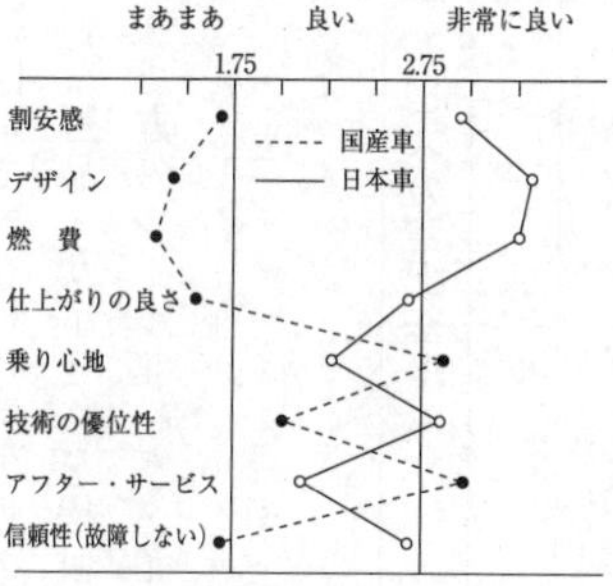

二〇〇二年東京大学入試問題

†考え方のルールは？

この文章では、最初の二段落で、前提とすべき考え方を解説している。ウィンダミア・

アソシエーツの「購買階層」という製品進化モデルである。述べている内容は、製品が売れるかどうかは、「機能、信頼性、利便性、価格」の四つの要素で決まること、しかも、それは市場における成熟と関係しているということだ。

まず、市場の需要をみたす製品・サービスがそもそもないときには、その機能を満たすものがあれば、高くても売れる。その後、製品・サービスが現れて、その機能を満たすようになると、より信頼性のあるものの方を消費者は選ぶようになる。だが、改良が進んで複数のメーカーが充分な信頼性を持つと、もう信頼性では区別できない。利便性のあるものが選ばれる。さらに改良が進み、複数のメーカーが便利な製品・サービスを提供するようになると、今度は価格の安いものが選ばれる。これが考え方のルール＝パラダイムである。

段落	市場の需要との関係	製品・サービスの選択基準
1	需要を満たす製品・サービスがない	機能
2	複数の製品・サービスが現れる	信頼性

3	改良が進み、複数のメーカーが充分な信頼性を持つ	利便性
4	さらに改良が進み、複数のメーカーが便利な製品・サービスを提供する	価格

†ルールを適用する

設問(1)は、このルールを利用して、現状を説明する問題だ。傍線部(A)「市場の反応は冷たかった」とは、期待したほど売れなかった、という意味だろう。なぜ、イーライ・リリーの商品は、純度が高いという明らかな利点があったのに、あまり売れなかったのか？それをこの理論を適用して説明すればよい。

第六段落では、ノボというメーカーがイーライ・リリーと対比されている。このメーカーは「手軽に摂取できる……製品」、つまり手軽で便利な製品を作って「市場でのシェアを拡大し、収益性を高めた」のだから、期待した以上に売れたのであろう。この記述から判断する限り、この四つの要素のうち**利便性**を満たしていたから売れた、ということになる。

逆に言えば、市場の需要は、機能や信頼性の段階を超えて、利便性をめぐって競争している段階に入っていたのだ。イーライ・リリーは、その市場動向を読み間違って、他の要素にフォーカスした製品を提供したから売れなかった、と考えられる。「純度が高い商品」は、効きにくい人にも効果があるという意味では、より信頼できる製品だろう。しかし、市場が別な要素を需要していたら売れない。これを順序立てて説明すれば設問(1)の解答になる。

設問(2)でも、同じアプローチを取れば簡単だ。ノボは、逆に市場の選択基準である利便性に焦点を合わせていたので、他より高い価格（プレミアム）であっても売れたのである。以上をまとめれば、たとえば、こんな感じになる。

設問(1)の解答例

イーライ・リリーは、製品の純度を高め信頼性を向上させることで、価格プレミアムを獲得しようとした。しかし純度一〇〇%を達成していなくても、インシュリンは既に機能と信頼性の点で充分需要を満たしており、選択基準は利便性に向かっていた。結局、ヒューマリンは市場に性能を過剰供給したので、売れなかったのである。（一

五〇字）

設問⑵の解答例

市場では、機能や信頼性に対する需要がすでに満たされている一方、ノボの製品は利便性で他社製品に優ったため、その優越性を価格プレミアムに転換することができたから。（七九字）

†さらにくわしく分析する

このような思考パラダイムをいったん取れば、それに基づいて、さらにパズルに深入りすることができる。設問⑶で聞かれていることは「なぜ、イーライ・リリーは市場の需要を読み間違ったのか?」。起こった現象に対して、そのくわしいメカニズムを考えることだ。

これについては「後で当然と思えること」「それがよく見えなかった」とある。つまり、後から考えれば「当然」と思えるのに、そのさなかでは「よく分からなかった」のである。この場合、「当然だ」と「よく分からなかった」の間には論理的に矛盾がある。普通、「当然」と思えるなら、初めから分かっている。したがって「なぜ、後から考えれば当然のことが、当初は見えなかったのか？」こんな風に問題を問い直すことができる。

この事情については、傍線部(c)の後の二つの段落に詳しい説明が書いてある。リリーのマーケティング担当者は、糖尿病治療の専門医に意見を求めたが、専門医はより困難な状況にファイトを燃やすというバイアスがかかる。したがって、病状が進んで治りにくい患者、とくにインシュリン抵抗の顕著な患者に興味を持つ。当然、製品開発でも「インシュリン抵抗が出ない」方向をアドバイスする。

①主要顧客が、糖尿病治療の専門家
②専門家の関心にバイアスがある
③関心の中心は、インシュリン抵抗の顕著な患者
④「インシュリン抵抗が出ない」ことを製品開発の方向にする

↑しりとり形式で論理をつなぐ

この四つの条件が「しりとり」構造になっていることに注目してほしい。①の末尾に出てきた「専門家」が次の②の冒頭に現れ「関心／バイアス」につながる。ところが、これらの言葉は③の冒頭で繰り返され「インシュリン抵抗」に結びつけられる。この「インシュリン抵抗」が④の最初に現れ、結局「製品開発」に辿りつく。これは、第二章6でも説明した論理的なつながり、「風が吹けば桶屋が儲かる」構造の基本だ。

つまり、これで前提とする考え方を使いながら、「どうして、そういうことになったのか？」という現象のメカニズムを解明したことになる。イーライ・リリーの「主要顧客」という事実から始めて、その必然的な結果として、市場の需要に合わない決定をしてしまった事情が「こうなれば、絶対にこうなるに決まっている」という誰にでも分かる形で説明されているからだ。逆に言えば「現象の分析が成功しているかどうか」はこのような「しりとり」の構造で説明がつながっているかどうかで判断できる。

成功した現象の分析＝「しりとり」の構造で説明がつながっている

†パラダイムの落とし穴

さらに、最後の段落を見れば、イーライ・リリーが営々と形成してきた企業文化や伝統も判断の間違いに関わっていることがわかる。「インシュリンの純度を高めることが、いつも競争の頂点に君臨する方法であった」。こういう「伝統」が前提にあるので「一〇〇%純粋なヒトインシュリンが市場の需要を超えるかどうかという問題を考えもしない」。つまり、伝統的な考え方（これもパラダイムの一種といえよう）に則ると、必然的に発想も限定されてしまう。そう考えれば、パラダイム思考のデメリットも示唆しており、含蓄が深い問題と言えよう。

パラダイムに則る＝パズルを解ける＋思考の穴が生ずる

設問(3)の解答では、このメカニズムの解明の前に「あとで当然と思われたこと」とは何かについて説明が要求されている。これは、今まで確認したことを繰り返せばよい。つまり「あとから振り返ってみれば、イーライ・リリーが市場の動向を捉えられなかったのも当然だった」であろう。

†将来を予測する

さて、このように現象が仮説に基づいてくまなく分析できると、将来を予測することも簡単になる。設問(4)は、その予測が求められる。イーライ・リリーの例に、「ウィンダミア・アソシエーツの製品進化モデル」がそのまま適用できるのなら、市場の選択基準は「機能→信頼性→利便性→価格」と移っていくと推論できる。ノボが勝った理由は、市場の需要が「利便性」に移っていたことだとすれば、次のフェーズでは、当然、選択基準が「価格」となる。製品開発も価格をめぐって行われるだろう。

設問(3)の解答例

「あとで当然と思われたこと」とは、イーライ・リリーが市場の動向を捉えられなかったメカニズムであろう。同社の主要顧客は糖尿病専門家であり、その意見を参考にして、製品開発の方向を決めていた。だが、専門家の関心にはバイアスがあり、症状が重篤でインシュリン抵抗の高い患者に注意が向く。リリーは、その意見を参考に純度の高いインシュリンを開発して、競争を勝ち抜いてきた。その伝統が企業文化になっていたことで、同社は、市場では重症患者の割合は少なく、選択基準は利便性に移ったという事実を捉えられなかったのである。(二四九字)

設問(4)の解答例

当面はインシュリン注射の利便性の改良をめぐる競争が激化するが、利便性に対する

市場の需要が満たされると低価格の製品の開発競争に移ると考えられる。（七一字）

†データに仮説を適用する

一方、設問(5)は、データを読み込んで、そこに仮説を適用する場合である。こういう場合は、読解から解釈へ、というやり方を取ると良い。まず、グラフや図が表すトレンドを簡潔な文章に直す。そのうえで、「なぜ、そういうことがおこったのか？」という問いに答えるのである。

作業	何をするか？
読解	グラフや図が表すトレンドを簡潔な文章に直す
解釈	「なぜ、そういうことがおこったのか？」という問いに答える

まず、第1図は設問にもあるとおり、「一九七〇年代以降、日本車の輸出が増加した」

とシンプルに読解して良いだろう。たしかに、八五年以降、輸出台数は横ばいだが、このあたりは「輸出規制」が行われていたし、「日本車の輸出が増加した」理由を聞いているのだから、「輸出規制」まで触れる必要はなかろう。

一方、第2図は、「アメリカ人の国産車と日本車に対するイメージ比較」である。アメリカ国産車に比べて、日本車では「割安感」「デザイン」「燃費」のイメージが圧倒的に良く、「仕上がりの良さ」「技術の優位性」「信頼性」がそれに続く。単純化すれば、価格・信頼性・デザインなどで高く評価されているわけだ。ここまでが、読解の部分である。

†解釈はどうなるか?

では、どうして第1図のように「一九七〇年代以降、日本車の輸出が増加した」のか? 石油危機とは、石油の産出国が石油の値段を大幅に上げた事件である。当然、ガソリンの値段も上がる。燃料供給がどうなるかと不安がつのる。燃費が良いと、車を使用しても、あまりガソリンを消費せずに済んで安くつく。価格と利便性で優位性が出てくるわけだ。

さらに、「問題文の趣旨も取り入れつつ」とあるので、前述の「ウィンダミア・アソシエーツの製品進化モデル」を取り入れよう。つまり、製品が売れるかどうかは、「機能、信頼性、利便性、価格」の四つの要素で決まる、というのである。読解で明らかにしたとおり、日本車は、信頼性・価格などで高く評価されている。結局、「ウィンダミア・アソシエーツの製品進化モデル」の四要素のうち、少なくとも三要素を満たしている。これで売れなかったらおかしいだろう。

ここまでの解釈には、「市場における成熟」の話は触れられていないが、それを取り入れることもできる。そもそも自動車が販売されてから、一〇〇年以上も経ち、複数のメーカーが参入しているので、機能性が問題にされることはない。自動車市場は充分に成熟しているので、機能以外の要素が選択基準になっているはずだ、などと論ずればよい。

作業	何をするか？	図との関連
読解	グラフや図が表すトレンドを簡潔な文章に直す	1石油危機以降、日本車の輸出台数は増えた 2日本車は価格・信頼性などで評価が高い
解釈	「なぜ、そういうことがおこったのか？」という問いに答える	1燃費がよい↓価格での優位 2価格・信頼性の二つで優位＋選択基準に適合

これを整理して、ひとまとまりの文章に仕立てられれば、解答は終わり。

設問5の解答例

第1図によれば、石油危機以降、日本車の輸出台数は急激に伸びている。一方、第2図によれば、日本車は割安感・燃費などで高く評価され、技術の優位性、信頼性がそれに次ぐ。自動車市場は成熟し、複数のメーカーが進出していることを考えれば、機能の面は満たされている。したがって、需要は信頼性・利便性・価格などのフェーズに移行している。石油価格が高騰したことで燃費のよい日本車が価格・利便性で優位にたち、技術的にも評価が高い。購買階層モデルの三要素でアメリカ車に勝っているなら、日本車の輸出台数が増えたのも当然だろう。（二五〇字）

このように、一つの考え方のパターンを前提にすると、いろいろな具体的現象に応用が利く。そのメカニズムを充分分析すれば、過去の現象が評価でき、将来どうなるかも予測できる。その予測が、やがて事実によって実証される。この繰り返しが、知識の蓄積を可能にする。

このようなパラダイムとその適用が、いかに現象の見通しを良くするか、は実感していただけたと思う。オリジナリティやイノベーションはすべてではない。経営学では「イノベーションを起こせ！」と煽るが、そんなにイノベーションがしょっちゅう出てきはしない。ノーベル賞受賞者だって、真に革新的パラダイムを提出した人は少数で、大部分は今までの理論を前提にして、それを現実に応用したり、現状を解析・分析したり、という仕事だ。むしろ、イノベーションが価値を持つのは、それが良質なフォロワーを生み出し、そこから実質的な結果や活発な知的活動が引き出せるときである。

その意味でも、オリジナルなアイディアを書かねばならないと焦る必要はない。むしろ、価値のある理論をきちんとフォローして、現実に適用して書くことに、エネルギーを使うべきなのである。

この節で学んだ技法

▼概念を理解して現実に適用する

▼現象のメカニズムを解明する

▼データからモデルを作り、将来を予測する

9　明確な基準をたてて判断する——得失を自覚・評価する技術

†とるべき方向をどう選ぶか？

我々は、生きていく局面でさまざまな決断をしなければならない。もちろん、それがつねに上手く行くわけではない。ときには、判断を誤って大きな損害を被ったり、不満足な結果に終わったりする。しかし、それでも、どのような基準からその判断を選んだのかをハッキリさせれば、次に同じような問題が出てきたとき、前の判断を修正できる。逆に、基準が不明確なままだと、同じような失敗を繰り返す。

「たとえば、ここにある女性がいる。彼女は、残忍で薄情で、彼女を搾取することしかないひどい男にひっかかり、さんざん利用されたあげく捨てられる。ところが、あんな目に会わされたのだからいいかげんに懲りただろうと思っていると、彼女はまた同じようなひどい男にひっかかり、また同じような経過を辿って捨てられる。（中略）彼女は男運がわるいのではない。（中略）彼女の幼児期を調べてみると、父親がひどい男で彼女を残酷にこき使いながら育てたことがわかった。（中略）父親に愛されていないということは耐えがたいことだった。そこで、彼女はその経験を抑圧し、正当化した。つまり、父の虐待は実は虐待ではなく、愛情の表現であり、わたしは父親に愛されているのだと無理に思いこんだ。そう思いこむことによって彼女は、その不幸な幼児期、少女期を耐えてきたのであった。（中略）しかし、それは正当化による自己欺瞞であるから、（中略）自信を持てないがゆえに、それが愛情であることを確証しなければならない。だから、彼女は、残酷な男と出会うと、彼の愛情を確認したいという無意識的な強迫的欲望にかり立てられ、無抵抗に引き寄せられるのである」（岸田秀「国家論」『ものぐさ精神分析』）。

このストーリーが人をゾッとさせるのは、基準を自覚しない限り、人間は間違った判断に閉じこめられ、その迷路の中をさまようという構造に気づかされるからである。もちろん、自覚しただけで自分が変えられるわけではないし、判断基準を立てることも容易ではない。しかし、少なくとも、自分がどういう判断基準をとっているか自覚することは、正しい判断を志向するための第一歩なのである。

次の仮設事例を読み、設問に答えなさい。

1．A大学には以下のような現状認識があった。大学進学できる実力がありながら家計が困窮しているため進学を断念せざるをえない高校生が相当数おり、ことに近年の日本の経済動向のもとで状況は深刻化している。本人の志望や能力とは無関係な事情で大学受験の機会をはなから奪うことは不公平であり、また優秀な高校生が大学で学べないことは、本人にとってのみならず社会にとっても損失である。

2．そこで困窮家庭の子女であっても学費の心配なくA大学を受験できるよう、A大学では入学金・授業料免除を拡充し、さらに生活のためのアルバイトに時間をとられないで学業に専念させるべく、奨学金の支給も積極的に行うこととする。

3．しかし、近年の経済状況のもとで、企業・団体や卒業生からの奨学基金への寄付が減少してきている。他方、入学者や在学生からの寄付は、形式的には自発的であっても実質的には強制的と受け取られざるをえないものであるから、現状よりも多くの寄付を募ることも憚られる。

4．そこでA大学では、奨学金を潤沢にしてより多くの学生に奨学金を支給できるようにするために、通常の入学試験による合格者とは別に、無試験入学者の制度を設けることとする。無試験入学者は自身の学費を当然に負担するが、さらに学生3名の奨学金4年分に相当する額以上を大学の奨学基金へ入学時に寄付しなければならない。

高校卒業などといった大学受験資格さえあれば誰でも無試験入学の出願ができ、卒業生の子女などを優先することはしない。無試験入学出願者を全員受け入れるか定員を設けるかは今後検討するが、定員を設けて選抜するとしても、筆記試験や口述試験を行うことはせず、また高校の学業成績や内申書なども考慮しないので、単純な抽選か寄付申し出金額の多い順といった方法によることになる。

5. 無試験入学者も、入学後は入学試験合格者との区別、優遇、冷遇は一切しない。したがって、基礎学力不足や学習意欲の欠如のために講義についていけなければ成績不良で卒業できないこともありうる。その場合でも奨学基金への寄付金は返還しない。

6. 無試験入学者の募集は、通常の入学試験と合わせて募集要項に明記する。無試験入学者制度については、A大学の社会貢献の一例として積極的に広報活動を行う。また法令で情報公開が義務づけられているかいないかにかかわらず、この制度の運用状況や奨学基金の会計に関する情報は、無試験入学者および出願者を特定するものでない限り、広く開示するのを原則とする。

設問：このような無試験入学者制度について考えうるメリットとデメリットを挙げた上で、この制度を設けることの是非について、あなた自身の考えを述べなさい。八〇

○字以上二〇〇〇字以内で解答すること

二〇〇五年東京大学法科大学院入試問題

†ジレンマ状況に直面する

書き方は簡単だ。指定どおりにメリットとデメリットを考えて、対比した上で両者を比較する。その結果、メリットの方が大きければこの制度を導入するし、デメリットが大きければ導入しない。形式的な方針はハッキリしている。

ただ問題なのは、メリットとデメリットのどちらが大きいか比較するときには、判断基準が複数あると、そのどちらが優先するかを迷うことだ。たとえば、資金面からいうとメリットがあるが、社会的には問題がある、などの場合、どちらを優先すべきか？　企業なら利益を出すのが第一の目的だから、お金を優先するだろうが、大学の場合、はたしてそのような行動は適当か？　つまり、メリットやデメリットが直接比較できる場合は少なく、競合する基準の中でどちらを優先するのか、悩むというジレンマ状況になっていることが多いのだ。

比較・判断するには、判断基準自体の検討が必要になる場合がある

このケースのメリットとしてすぐ考えられるのは、お金の面だろう。これは、むしろ学生側のメリットとして提示されている。第一段落に次のようにある。

大学進学できる実力がありながら家計が困窮しているため進学を断念せざるをえない高校生が相当数おり……状況は深刻化している。本人の志望や能力とは無関係な事情で大学受験の機会をはなから奪うことは不公平であり、……社会にとっても損失である。

†メリットは何か？

問題文にあるので、これは額面通りに受け取るべきであろう。このような学生のために、「A大学では入学金・授業料免除を拡充し、……奨学金の支給も積極的に行」いたいのだが、「企業・団体や卒業生からの奨学基金……寄付」は減っているので期待できない。だから、この制度を導入すべきだ、というロジックになっている。逆に言うと、無試験入学制度を導入すれば、「入学金・授業料免除」「奨学金」のための基金が出来るので、困窮家

庭の子女も入学できる。その結果「公平」が実現でき、優秀な学生が大学進学でき「社会の利益」にもなる。

†デメリットはどうなるか？

一方、デメリットは問題文に直接書いていない。もし大きなデメリットが予想されるのなら、A大学は、このような判断をしないと思われるからである。そんな訳で、デメリットについては、解答する側が考えなければならない。

まず、正規の試験を受けて入学した学生と無試験入学した学生の間の学力差が心配だ。無試験入学者の学力は、試験を受けていないので保証されていない。学力が低い可能性は高い。脱落者が多くなったり、大学のレベルが落ちたりしないか？　しかし、これは問題ない。なぜなら、問題文には「無試験入学者も、入学後は入学試験合格者との区別、優遇、冷遇は一切しない。……講義についていけなければ成績不良で卒業できないこともありうる」とあり、無試験入学者で学力の低い人は成績不良で大学の卒業資格が得られないからだ。つまり、卒業していれば相応の学力が保証されている。結局、学力差は解消されるだろう。

では、「不公平」という批判はどうか？　他の学生三名の奨学金を負担しさえすれば入学できるのだから、お金で入学が左右されてしまう。これは、社会に「拝金主義」、つまり、お金がすべてを決めるという悪しき風潮を広めるかもしれない。ただし、大学側も手をこまねいているわけではない。問題文には「無試験入学者制度については、A大学の社会貢献の一例として積極的に広報活動を行う」とあり、この制度を「社会貢献」として意味づけを行うらしい。広報活動がどの程度効果があるかわからないが、「拝金主義」という批判はある程度軽減されるかもしれない。悪影響もさほど大きくないという評価もできそうだ。

†大学の持つべき理念とは？

とすると、デメリットは全然なく、即座に実行すべきなのだろうか？　もちろん、この断定は早計である。我々は、このA大学の決定を見て「何だかおかしいな」と感じる。また、そうでなければ、試験問題として出されなかったはずだ。その根拠がどこかにあるはずだ。

そもそも、大学とは、社会の中でどういう価値を代表しているだろう？　おそらく学問や真理という価値だ。これは、政治の持つ「権力」という価値、企業の持つ（金銭的）「豊かさ」という価値などとは全然違う。だから、権力に抗して学問・真理を守ることが大学人の為すべき義務として称揚され、政治権力の言いなりになって都合の良い学説をひねり出す「御用学者」は軽蔑される。また当面、経済的価値をほとんど生まない基礎研究であっても、大学内ではさかんに行われるし、そういう研究こそ大学で行われるべきだと期待される。つまり、大学の持つ「学問」「真理」という価値は、権力・豊かさなどと独立に保たれることが期待されているのだ。

そういう価値を志向する大学が、たとえ経済的困窮者を救う善意から出たこととはいえ、金銭でその大学のメンバーとなることを許すのは正しいだろうか？　大学の持つべき価値（アリストテレスなら「徳」と言うかもしれない）に則るなら、その所属メンバーも学問・真理に優れた者を選定すべきだ。実際、学士・修士・博士などの学位は、この能力に応じて授与されるのが建前なのだから、入学者についてもそれに準じるべきだ。とすれば、金銭による無試験入学は、大学の持つべき価値からはずれており、違和感が生まれる。たしかに良いことかも知れないが、そういう方法が大学にとってふさわしいだろうか？

†持つべき価値からの逸脱

下世話な言い方をすると、これは大学の「ブランド」の話だ。ブランドにはさまざまな定義があろうが、一つには、期待される価値を一定レベル以上ですべて満たしており、すぐれたものであることが保証されている状態だ。だから品質・機能的にも優れていると認められ、皆から欲しがられる。

大学の「ブランド」も、大学の持つべき価値を一定レベル以上ですべて満たしていることだろう。先述した「学問の自律性」は、その中でも最も重要な価値だ。そこに金銭という別な基準が混入してくるとしたら、たとえ、それが大学運営にとって不可欠な要素の一部だとしても、決して好ましいことではない。ひらたく言えば、「金銭による無試験入学は、大学のブランドを落とす」。これでは実用的・経済的価値から考えても、無視できないデメリットになろう。

メリット	経済的困窮者にチャンスを与える↓公平・社会の利益
デメリット	金銭によってメンバーが決まる↓代表すべき価値からの逸脱・ブランド価値の低下

これで、メリットとデメリットが出そろった。料理の材料がそろったので、後は設問の指定通りに書いていけばよい。まず、メリットとデメリットを一段落以上使って説明する。たとえば、メリットについては「公平」「社会の利益」の二つが出ているので、「公平」で

一段落、「社会の利益」で一段落使う。そのうえで、それらをデメリットと比較考量して判断すればよい。

†比較考量の仕方

先述したように、二者を比較するには、どちらも同一線上に並べて同一尺度で測らねばならない。一方が経済的利益で、他方が大学の名誉など別な価値だとしたら、「こちらの方がよい」などとは単純に言えない。何とかして同一線上に並べないと、互いに違う原理を主張したまま平行線を辿るという「水掛け論」に終わってしまう。

比較するには、何らかの方法を使って、同一の尺度で測らねばならない

一つの方法は本質論を使うこと。つまり、大学にとっては、公平・社会的利益よりブランド価値の方が本質的だと論ずる。しかし、この方法は簡単ではない。なぜなら、「何が本質か？」を巡って、また「水掛け論」になるからだ。

もう一つの方法は、一つの方向が成り立たないともう一つにも悪い影響を与える、という論理を立てること。たとえば、大学の持つべき価値を無視すると、公平や社会的利益という点からも問題が大きかったり、制度の存立を危うくしたりするなどの論理を立てる。

解答例はこの方向を強調してみた。

解答例一

無試験入学者枠を増設する制度のメリットとしては、貧しくとも優秀な学生に進学の機会と勉学に専念できる環境を与えることができる点であろう。これは貧しくて、進学機会が与えられなかった若者に、自分の能力を伸ばす機会を与える。つまり、今まで活用されていなかった層が、あらたなスキルと能力を手に入れ、社会に参加することになる。これは、社会の問題点を解決する新たなマンパワーになるので、「社会の利益」になるはずだ。

さらに、この制度は社会を実質的に公平にする。形式だけを「公平」にしても、その結果は必ずしも「公平」にはならない。なぜなら、上の文化階層に属する学生が、教育環境・教育機会において圧倒的に有利であるので、比較的下の階層に属する人々が、結果的に排除される危険が大きいからだ。そのために、これらの人々は社会的上昇が出来ず、社会の中で希望を持てない。これは社会全体の統合を弱め、その社会の安定を脅かす。たとえば、最近起こったフランスの暴動などは、このような不満が原因にあると言われている。これらのグループにもチャンスが与えられれば、このような社会的不満は軽減されるはずだ。

それに対して、デメリットとしては、この制度が、A大学のイメージを大きく低下させることが考えられる。なぜなら、この制度は学校が代表する価値を傷つける可能性があるからである。すべての社会的機構は何らかの価値を担っている。議会が権力を、会社が豊かさという価値を担うのと同じように、大学が担うべき価値は「学問」「真理」のそれであろう。しかも、これらの価値は権力や豊かさという価値から独立していなければならない。だからこそ、権力に抗して学問・真理を守ることが大学人の為すべきことになるし、当面、経済的価値をほとんど生まない基礎的な研究であっても、大学内ではさかんに行われる。

ところが、この制度のように、他者の授業料を負担すれば、大学のメンバーとして認めるという選抜方法は、この基準と矛盾する。本来なら、大学の持つべき価値に合わせて、学問・真理に優れた者を、そのメンバーとして認定すべきであり、修士・博士などの学位も、この能力に応じて授与される。入学についてもそれに準じるべきだ。そこに金銭という別な基準が混入してくるのは、それが、たとえ大学運営にとって不可欠な要素の一部だとしても、決して好ましいことではない。

このようなデメリットは、メリットを上回るだろう。なぜなら、この制度が、学校の代表する価値を傷つけるとしたら、いくら広報で「社会への貢献」と訴えても、納得してもらえる可能性は少ないからである。それどころか、功利的な基準からしても損失になる。なぜなら、大学が持つべき価値を持っているどうかは、そのブランドを決定するからである。大学の「ブランド価値」とは、持つべき価値を一定レベル以上ですべて満たしているという安心感・保証感が基礎にある。しかし、無試験入学の制度は、このような安心感・保証感を不安定にさせ、その結果として、大学のブランド価値を落とすと予想される。そうなれば、いくら困窮者にチャンスが与えられると言っても、この大学に入るメリット自体がなくなり、優秀な学生はA大学を目指さなくなる。困窮者に充実した教育機会を与える、という目的も果たせなくなるだろう。

結局、この制度は一見社会の公平を実現するというメリットが大きいようだが、大学の代表する価値や社会的イメージを毀損するというデメリットがあり、予定していた効果が得られない。その意味で、たとえ善意に基づくものであっても、無試験入学のような制度を導入すべきではないのだ。(一四九一字)

†決定を肯定する可能性

とは言っても、これが唯一の「正解」ではない。第一・第二段落は、問題文に書いてあることをなぞっているだけだから異論は少ないだろうが、第三・第四段落のデメリットの指摘、第五段落以降の評価と比較については納得がいかない人もいるかもしれない。「大学の持つべき価値」とか「ブランド価値」などという怪しげな観念を持ち出さなければ、A大学の決定を肯定する議論もたてられるのではないか？

このような疑念はもっともだ。先述したように、デメリットは問題文の中で明示されていない。もし、デメリットを「拝金主義の風潮の強化」などに限定しておけば、大学の広報活動によって、それを軽減するという議論も立てられそうだ。たとえば、第三・第四段落以降は、次のように書き換えられる。

> **第三・第四段落以降の書き換え**
>
> それに対して、デメリットとしては、この制度が「金銭が全てを決定する」という拝金主義的社会風潮を生み、持てる者と持たざる者との対立と格差を際だたせることである。富める者は学力がなくても無試験で入学でき、貧しい者は学力があっても試

験を受けなければならず、落ちたら入学できない。無試験入学者の枠は別に定めるというのだから、これは富める者に身分的特権を与えたに等しい。

このような格差は入学時だけで、その後の成績評価や卒業判定には影響しないから、結局格差は解消されるというが、これはいわば、大学内部の事情に過ぎず、大学が社会から所属メンバーを選定するという外部との接点において、当該の制度を導入することは、大きな影響を与えるだろう。しかも、これは大学内部をも混乱させる。なぜなら、無試験枠の学生は入学試験の勉強をしてこなかった故に、学力・学習意欲ともに保証されていないからだ。したがって、一般枠の学生は、学力・成績が不十分な学生に対して、無試験枠の学生ではないかと疑い、同学の学生に対して差別意識を持ちかねない。このような対立・差別意識が醸成されると、大学内の結束を弱めるとともに、大学に対する不信を招き、帰属意識にも大きな影響を与えるだろう。

しかし、それでも無試験入学制度は支持されるべきだ。なぜなら、この制度で達せられる社会的公平さと利益は、A大学内部の不平等・弊害よりも大きいと考えられるからだ。教育機会の喪失は本人だけでなく、将来世代に影響する。大学に進学できないと就職も困難になり、収入も少なくなる。その結果、その子供も資金面で大学進学が困難になる。つまり、貧困が世代を超えて拡大されるのだ。したがって、学力を持つ全ての人に進学機会を与えることは、この世代間連鎖を断ち切り、金持ちと貧乏な者の格差を、将来にわたって解消する効果がある。これは、現在における不利益を大きく上回る。

実際、A大学は無試験入学者制度を、「社会貢献の一例として積極的に広報活動を行う」と言う。このような広報活動が構想されうるということ自体、A大学の決定が、社会に好ましい影響を与える可能性が示唆されており、広報活動をうまくやれば、「拝金主義」という批判は相当程度軽減されるはずだ。現在の不利益に目を向けるのではなく、将来に向けて長期的な利益を考えるべきだ。（一四四六字）

†フェアネスにコミットする

ここでは、内部と外部、現在と将来という対比を使って、後者の方がより価値があることを示した。内部・現在と外部・将来を比べれば、明らかに後の方が広い。だから、外部・将来のメリットは、内部・現在のデメリットより大きい、という理屈になっている。この場合実は、「どちらが正しいか」は、どうでもよい。大切なのは、決定する前に論点をきちんと整理し、その得失を整理する能力を見せることだ。そのうえで、得失をどう評価し、何を重要な基準として捉えるか、はさまざまな選択・決定があり得る。少なくとも、上記の二つの議論を並べてみれば、どちらがどんな基準を重要としているか、は明確に分かる。

「どちらが正しいか？」と性急に問うより、何を重要な基準として捉えるかを自覚する

議論の価値は、自分の主張が勝ったか負けたか、にあるだけではない。内容を明確化して、他の人が参入して互いに検討しやすいオープン・プラットフォームを作るのも大事な仕事である。学問の営為などは、ほとんどその繰り返しにすぎない。誰かの主張を他の誰かが批判し、その批判を更に他の誰かが批判する。この繰り返しの中で、リナックスのプログラムのように、思考がより洗練され鍛え上げられていく。批判された者も、批判され乗り越えられる基礎を作ったということで、全体に貢献したと評価されるのである。この構造はビジネスでも実は同じだろう。

逆に、判断基準を曖昧にして、どんな批判をも言い抜けて、自分の主張を守ろうとするのは、この共同作業を信じていないことだ。誰からも批判されないなら、誰からも負けないが、誰にも貢献できず孤立するだけだ。論理的文章の価値は、いわば「全力を尽くして戦い、時には潔く負ける」ことを許容するフェアネスにある。それが全体の水準を上げる。

判断基準を明確にして書くことはその第一歩なのである。

この節で学んだ技法

▼判断基準自体を明確化する

▼基準に照らして結果を評価する

▼他者から批判しやすいオープンネスを実現する

第四章

ただ正しいだけの文章と思われないために

10　批判の妥当性を疑う——ロジカルな議論の穴を見つける

†批判と反批判の関係

　誰でもが根拠に基づいて主張し、誰でもがそれを批判できる。その中で、議論の水準が上がってくる。そういうオープン・プラットフォームを信じるのはいいが、実際に批判されたら、やっぱり悔しい。言い返したくても、うまく言い返せない。そんな思いをするくらいなら、主張しない方がましだ。そういう損得計算をする人は少なくない。

　ただ、まったく批判されないのも、あまり魅力的なオプションとは言えない。どんなことを言っても、つねに肯定的に受け止め、やさしく「そうだね」と言ってくれる。内容にかかわらず、自分の意見が常に通る。こんな相手ならいてもいなくても変わりない。思いやりだけでなく、自主的な判断から主張に賛成してくれる。ときには頑固に反対する。そういう相手と対峙するときしか、我々は自分のパワーを実感できない。

　この節では、前章までの技法を前提にして、批判されたときにどう反撃するか、その道筋を具体的に示してみたい。まず、相手の主張と根拠を確認する。次に、その根拠の立論の弱点を見つける。そこを崩して、相手の主張を否定する。原理はシンプルなのだが、実行するのはそれなりに大変だ。ちゃんとできるようになるには、その実例を見て、自分でも真似をするにしくはない。先述したように、上達するには「正しい方法で何度も練習して身につける」ことしかないのである。

次の文章は、近年さまざまな領域においてさかんに論じられている「自己決定」という考え方について述べたものです。これを読んで、まず筆者がどのような問題を提起しているのかを簡単にまとめ、その上で、その問題についてあなた自身がどのように考えるかを、何らかの具体例に即しつつ述べなさい。（解答は一二〇〇字以内とし、句読点も一字として数える。）

自己決定の主張とは、「迷惑をかけない限り、何をしてもよい」という主張だとされる。だが、これは、自らが主張していること自身において、未決の問題を残してしまっており、完結しない、自存することのできない主張である。

つまり、「迷惑をかけない限りにおいて」と言うのだが、その「迷惑」とは何か。

「他人に危害を加えない限り」と言うのだが、その「危害」とは何か。例えば、ある人がある行いをするのを、あるいはある装いをするのを別の人が見て、その人がむっとするのはどうだろうか。私の美意識を逆なでするのはどうだろうか。このようにありとあらゆることが迷惑なことでありうる。迷惑だと言う人が一人でもいたとしたら、それは迷惑をかける行為である。そのように言えば言える。

もちろん大抵の人はこんな難癖をつけられたら困ってしまう。単に何かについて誰かが不快であるというより（ずっと）狭い範囲に「迷惑」を限定するだろう。私もそうすべきだと考える。しかし問題はそれをどのように言うかである。これを言うことなしに、具体的に何を認め、何を認めないのかは決まらない。しかし先の「危害を与えない限りにおいて」という言葉の中にはそれに関わる言明はない。

まず危害の直接性・間接性という基準を思いつく。しかし、もちろん身体への侵襲という意味での直接的な危害だけが問題になっているのではない。言うまでもなく、精神的な苦痛の方がより大きいことがいくらでもある。だから、少なくともこの意味での直接性・間接性が基準になるのではない。

次に、直接にある人への危害を意図しないものであるなら、それは迷惑でないとしようという考え方があるだろう。しかし意図していなければよいのか。ある人にとって迷惑となることが予見される場合にそれを行った場合にはどうか。そうした時にも過失責任が問われたり、結果責任が問われたりすることがある。だから、危害、不快感を与えることが予測されるのであれば、それは許容されないということにもなりうる。

他方で、その人がしたいことをしようとする時にどうしても迷惑をかけることがある。例えばその人は足が動かないのだが、しかしどこかに行きたい。自分の足で行けないから、他人の力を借りることになる。これはその他人にとって迷惑でありうる。(もちろんそれを迷惑と感じない人もいるだろう。しかし、迷惑だと思う人もいて当然である。)

このように直接に迷惑をかける場合だけではない。例えば、自分が働いた結果を自分でとる行いは他の者に「迷惑」をかけていない行為であるとしよう。この時、そうした行為だけが行われている空間にあって、働けない(ので自分で自分のものを得られない)者は、誰もがそれを積極的に希望しているのではないが、死ぬ(ことがある)だろう。もちろん自発的に何かを与えようとする者はいるはずであり、そのことを自己決定主義者達は認めるだろう。しかしそれはあくまでも自発的なこと、すなわち、してもしなくてもよいことである。もし、それでよいとは考えないのであれば、別のものがそこにあるということである。また例えば、良心的兵役拒否という行いがある。兵役を拒否する人は、戦争に加担しないことによって、敵に殺されるかもしれない国民に迷惑をかけていると言えるかもしれない。とすると、どんな自己決定についてどこまで寛容であるべきかを言わなくてはならない。

自己決定（権）という言葉のもとに主張されてきたことの一つは、実は「迷惑をかける権利」だったのだとも言える。とすると、このように主張する人にとっては、迷惑をかけようがかけまいが、ある人には何かの権利があり、その中には何かについて決定する権利も入っているのだということである。こうしたことについての考え方は、ひとまず、人によって様々であるだろう。しかし、どういう立場に立つのかとは別に言えるのは、人によって様々であるこの線の引き方について、「自己決定の原理」自体は何も言わないということ、判断する基準を示すことがないということである。

（立岩真也『弱くある自由へ』より）

二〇〇二年東京大学入試問題

この文章はどこか既視感がある。女子高生が「援助交際」をしているのを見て、オジサンが「ふしだらだ」と眉をひそめる。それに彼女が逆襲する。「あたしたち、誰にも迷惑かけていないじゃん。放っておいてよ！」。たいていオジサンは、その時点で「まったくこの頃の若い者は……」などとブツブツ言いながら退場する。しかし、中には、あきらめの悪いオジサンもいて、「誰にも迷惑かけていないと言うけれど、本当なのかな？」なんて議論をふっかけてくる。そういう場面を思い描けばいい。

批判に対応するには、まず、その主張の構造、つまりどんな主張がどんな根拠でサポートされているかを、見極める必要がある。第一、二段落を見ると、「これ（自己決定の原理）は未決の問題を残して」いると言う。「迷惑をかけなければ何をしてもよい」というだけでは「迷惑とは何か」を具体的に規定できないだろう。さらに、第二段落冒頭「つまり」以下を見れば「迷惑だと言えば、何とでも言える」。つまり、どんなことでも「迷惑だ」と感じる人がいたら、それは迷惑になる。「迷惑をかけていないだと？　このオレが『迷惑だ』と感じているんだから、迷惑なんだよ！」。

さすがに、これは言い過ぎだと思ったのか、筆者は「誰かが不快であるというより（ずっと）狭い範囲に『迷惑』を限定……すべきだ」と言う。だが、どのように？　直接身体に危害を加えなければいいのでは？　狭すぎる。精神的な被害もある。じゃあ、危害の意図がなければいいのでは？　だが、意図がなくても結果として危害を与えたらダメだ。

逆に、迷惑をかける行為はすべてダメか？　たとえば、車いすの身体障害者は駅の階段を上がれないので駅員の助けを借りる。これは余計な手間がかかって明らかに「迷惑」だろうが、悪いとは言えない。あるいは、良心的兵役拒否では、自分が兵役をしないと他の国民に迷惑がかかる。だが「良心」と言うからには、必ずしも悪いことではない。

さらに、迷惑をかけさえしなければ、ＯＫというわけでもない。たとえば、自分が働かなかった／働けなかった結果、金がなくなって飢え死にする。誰にも迷惑をかけていないから許されるか？　ざっとこんな調子で「迷惑」かどうかだけで、していいか悪いかを明確に線引きできないから「迷惑かけてなければいい」という主張は破綻していると宣告するのである。

論点	問題	批判
1	迷惑とは何か？	迷惑だと言う人がいれば、何でも迷惑になる
2	迷惑をかける行為はすべてダメか？	例一：身障者が、他人の助けを借りるのは「迷惑をかけている」（が、許されるべき） 例二：良心的兵役拒否は迷惑と考えられる（が、肯定

		されるべきだ）
3	迷惑をかけなければＯＫか？	迷惑をかけないで人が死ぬ状態を肯定できない

つまり、論点1は「行き過ぎ」だというメインの主張、論点2、3がその根拠になるわけだ。整理すると、この議論の構造は以下のようになる。

迷惑な行為だが許される ＋ 迷惑な行為ではないが許されない

▼

迷惑かどうかで、許す／許されないが決まるわけではない

⇔矛盾

「迷惑がかからなければ良い」という主張

▼

「迷惑がかからなければ良い」は間違い

†妥当性をチェックする

言い換えは成り立っているから、論理的には明晰な議論だ。どこにも間違いはなさそうだ。では、この議論には賛成する以外の選択肢はないのか？　実はそうではない。論理的に完璧に見えても、充分ツッコミどころはある。

先に、論理とは「風が吹けば桶屋が儲かる」式で良いと書いた（第二章6）。しかし、これで保証されるのは、大雑把な論理的整合性だけだ。この結果が本当に正しいかどうかは、推論と現実と付き合わせて妥当性をチェックしなければならない。たとえば「砂埃が目に入って眼病が増える。眼病が増えれば目の見えない人も増える」というが、目の見えない人が目立って増えるほど、長い間あるいは強い風が吹くだろうか？　風が強い日があるとしても、せいぜい二、三日。それで眼病が増えたり目が見えない人が増えたりしないだろう。ましてや三味線の需要が増えて猫が激減するとは思われない。だとすると、この論理のチェーンは途中でとぎれ、結論には至らない。

論理の言い換えだけでは不十分＋現実での妥当性を検証すべき

ここでも、同じことが言えそうだ。なるほど、理屈としては筆者の言う通りかも知れない。でも、この論理は現実に照らして妥当か？　迷惑と許す／許さないが一対一対応しないから、迷惑を基準とした議論は成り立たないと筆者はいうが、そもそも社会の基準とはそういう厳密な論理チェーンになっているのだろうか?

たとえば、法は必ずしもそういう基準になっていない。法を犯したら刑務所に入れられる。逆に刑務所に入った人間は皆悪人だ。これなら法は現実と一対一に対応する。しかし、実際はそうではない。よほどの重大犯罪でもない限り、日本では初犯ならほとんど刑務所送りにしない。窃盗や傷害でもなるべく執行猶予をつけて一般社会に戻そうとする。これを「前さばき」という(河合幹雄『安全神話崩壊のパラドックス』)。逆に、その配慮の甲斐もなく、二度三度と繰り返す人は常習犯として、たとえパン一個の盗みでも厳しく実刑を科す。このように法の規定と実際の刑罰は厳密には対応しない。しかし、だからといって、法律は基準として成り立たないとは言えないだろう。

行政学者の西尾勝は、法律や国家は自動販売機ではないという。つまり、ある具体的行為を入れれば、それが適法か違法か、自動的に答えが出てくるものではない。とくに、現代は複雑で変化が速いので、法律はだいたい概要が決められるだけで、その施行の細目は「法令」で定められる。つまり、行政府の判断によって、具体的な行為のどこをポイントにして、違法/適法になるかが決められる、というのである(西尾勝『行政学』)。法律の文面を吟味するだけで、ある具体的な行為が許されるか許されないか、など出てくるはずがない。逆に言えば、だからこそ法運用が不当だと「行政訴訟」もできるのである。

†「朝日訴訟」の経緯

たとえば、有名な「朝日訴訟」は、これが憲法の条文をめぐって争われた。高校の政治経済の教科書にも載っている事例なので、知っている人は多いかもしれない。一九五七年、国立岡山療養所にいた朝日茂さんが、当時の厚生大臣が定めた入院患者日用品基準（当時六〇〇円）が「憲法の規定に違反している」と裁判所に訴えた。憲法第二五条では「すべて国民は健康で文化的な最低限度の生活を営む権利を有する」とある。この入院患者日用品基準はあまりに少なく、「健康で文化的な最低限度の生活を営む」に足りないと主張したのだ。

訴訟になる事情は、無理からぬ所がある。朝日さんは月六〇〇円で暮らしていたのだが、その額では生活できないとして増額を求めた。ところが、長年音信不通だったお兄さんが見つかって、その人から月々一五〇〇円（現在の物価水準では三万円弱程度）の仕送りが受けられることになった。朝日さんは、「これで少しは楽になる」と喜んだだろう。ところが、市の福祉事務所は従来の日用品費を支給するが、仕送りによって浮いた九〇〇円は医療費の自己負担分として療養所に納めることを求めた。つまり、仕送りが受けられるようになったのに、朝日さんの生活はまったく良くならなかったのである。そこで、岡山県知事・厚生大臣に不服申し立てを行ったが却下。結局、訴訟に及んだのである。

第一審は全面勝訴だったが、第二審では日用品費六〇〇円は非常に安いが違法ではないと敗訴。最高裁に上告後にまもなく本人が死亡したため、養子夫婦が訴訟を継続したが、生活保護を受ける権利は相続できないとして訴訟終了。最高裁は「憲法二五条第一項はすべての国民は健康で文化的な最低限度の生活を営み得るように国政を運営すべきことを国の責務として宣言したにとどまり、直接ここの国民に具体的権利を付与したものではない」として、何が「健康で文化的な最低限度の生活」については、厚生大臣の裁量を認めている。

これは「プログラム規定説」と呼ばれている。つまり、憲法では、人権として形式的には規定されているが、それは実質的に国の努力目標や政策的方針に止まるという考えだ。どれくらいの具体的な金額にあたるか、については、裁判で決めることは出来ない。国のお金の状況などを見て、行政の判断で決めることだ。九〇〇〇円減額がいいか悪いかについても、裁判で決めることは出来ない。

たしかに憲法の文面を文字通り取れば、「国民は健康で文化的な最低限度の生活をする権利がある」とある。自分の生活はあまりにも貧しく、この基準から外れていると感じる。そこに一五〇〇円兄から送ってもらって、ようやくまともな暮らしが出来ると喜んだ。それをまた減額して、それ以下に落とすという国のあり方はヒドイ。朝日さんの主張は十分理解できる。

しかし、こういう訴えを裁判所はすげなくしりぞける。「だって、『健康で文化的な最低限度の生活を営む権利』と言っても、それは国が実現する他ない。でも、国にもいろいろ事情があって、そういう生活をすぐ実現できるわけではない。『健康で文化的な最低限度の生活』というのは、これから実現すべく努力するための目標であって、今すぐそれを個人の生活実感に従って実現しなきゃならない、というものではない」。

†規定と現実

このように、憲法の規定だって、そこから個々の具体的な状況についての具体的判断が直接出てくるわけではない。むしろ、具体的な状況において対立する立場同士が争い、議論の末にその実質が確立する、というプロセスを経て、はじめて規定は社会的合意を得るのだ。正しいと分かっている規定や概念から、演繹的に「この場合はこうだ」と決定できるわけではないのである。

社会的合意のプロセス＝具体的状況への判断を迫る→議論の末に実質が決まる

だからといって憲法の概念が無意味だというわけではない。「健康で文化的な最低限度の生活の権利」という文言があることで、朝日さんは訴えを起こせた。それがなかったら訴えすら起こせなかったはずだ。たとえプログラム規定でも、文言があるというだけで、社会に訴えて問題化できる。それどころか、事態は更に進んだ。厚生省（当時）は、訴訟を受けて次第に生活保護費の支給額を増加させた。朝日さんが訴えを起こしたことで、「健康で文化的な最低限度の生活」という理想は実現に向けて一歩進んだのである。

政治学者酒井直樹は「憲法の役割は社会問題をつくりだす」ことだと主張する。「『自分は不利だ』と感じた者が、それを見過ごしてきた常識に逆らって、新しい言語をつくり、自らの要求を社会的正義に登録する」企図なのだ。（酒井直樹『死産される日本語・日本人』）もちろん、この新しい言語も根拠がないのでは賛同を得られないだろう。その手がかりになるのが憲法なのだ。このような「法の役割」については後でも論じるが（第四章11）、「具体的事例が区別できない規定はダメだ」という主張は、この事情を無視した議論なのである。

つまり、課題文では「抽象的な行動の基準から具体的な行動の良し悪しが演繹的に判別できなければならない」という暗黙の前提があり、それを使って論理のチェーンを組み立てているのだが、右に見たように、この前提は必ずしも成り立たない。いくら論理のチェーンをつないでいるように見えても、その前提が現実と対応していないのである。このように、一見論理的な批判であっても、その暗黙の前提などの現実妥当性を問へば、逆に批判しかえすことができるのである。

論理的に見える議論の検証方法＝現実妥当性を吟味する

†どう批判に反撃したらいいか？

ここまで考えれば、もう問題文の議論に対して、どう書けばいいか明らかだろう。まず、筆者の議論を要約する。「『自己決定』は、概念として不完全で役に立たない」。後で批判しやすいように、根拠も出しておく。「なぜなら、『自己決定』は、どこまでが迷惑か、具体的行為に即して、明確に判断する基準を定めていないからだ」。

次にこの主張が正しくないと批判する。方針は次の通り。理屈としては、筆者の主張は筋が通っているようだが、実は、社会的規定の現実を無視した議論になっている。なぜなら、そもそも社会的規定から具体的判断が演繹的に出てくるとは限らないからだ。例としては「社会権」の規定がよいだろう。「健康で文化的な最低限度の生活を送る権利」にしても、どこまでが「健康」で、何が「文化的」なのか具体的規定はない。実際、これを争った「朝日訴訟」でも具体的規定は行政府に権限があり、司法府が判断することではないとされた。憲法の規定も、生活費が何円以下なら、「不健康」で「非文化的」な生活なのか、具体的な額は分からない。逆にそこまで決めてしまったら、インフレの時には困るだろう。

しかし、だからといって、憲法が具体的な判断には直接役立たないからダメだと言えない。むしろ、それがあるおかげで、「自分は不利だ」と感じている人は、その感じを言葉で表現して問題化できる。結局、筆者のように、概念規定から具体的内容が出てこない概念は無効だ、という議論は、「自己決定」に限らない。こういう論拠から自己決定権を批難するのはないものねだりなのである、等々。

†自己決定とは何か?

「人に迷惑をかけなければ、何をしても構わない」という主張は、自由主義の倫理の基本である。これを言い出したのはイギリスの哲学者J・S・ミル。彼は、自由の原理を二つにまとめる。①個人は彼の行為が彼自身以外の何びとの利害とも無関係である限りは、社会に対して責任を負っていない　②他人の利益を害する行為については、個人に責任がある。だから、「他人の利益に損害を与えること、または損害を与える惧れがあるときのみ、社会の干渉が正当化される」（ミル『自由論』）。なぜなら、個人は、自分が何を望むかについては他の人よりもずっと分かっているからである。

先の援交少女に当てはめれば、①自分の行為で誰も危害（＝迷惑）を加えられていないので、自分は社会に対して責任を取る必要はない。②だから、社会的な罰ないし矯正を受けるいわれはない。「私が好きでやっているんだから、放っておいてよ」という乱暴なモノ言いにもちゃんとこういうロジックがあるのだ。

この「自己決定」が、現在言われるように拡張され、自殺の自由や治療拒否の自由までも含むようになったのは、つい最近のことである。たとえば、二〇〇〇年の最高裁判決では、輸血を拒否していた患者に無断で輸血をした病院・医師に対して、「自己決定権」を侵したとして五五万円の損害賠償を命じている。一方、第一審においては、社会的に許容される程度であるとして、損害賠償を認めていない。つまり、当初、治療拒否の自由については議論・論争の余地があったが、それが次第に「自己決定権」という原理の実質を決めていったのである。この経緯を見ても、「規定から演繹的に具体的行為を判断すべき」というが現実と即していないのは明らかであろう。解答例は、次のような構成になる。

段落	構成	内容
1	要約	自己決定は、具体的に「何をしていいか」「何をしてはいけないか」についての基準を示していない
2	反批判とその事例	社会的な概念から、具体的適用が直接に出てくるとは限らない 例示：「朝日訴訟」＝生活保護費がいくらかは、憲法の規定から出てこないという判決
3	発展	問題文の議論は成立しない→憲法の役割はむしろ問題を作ることだ
4	結論	自己決定も具体的内容は議論の末に獲得される
5	繰り返し	当該の行為は、個別に検証されなければならない

解答例

筆者によれば、自己決定とは「他人に迷惑をかけない限り、何をしても構わない」権利だが、具体的に「何をしていいか、いけないか」についての基準を示していない。

なぜなら、人間は生きている限り人に迷惑をかけるとも言えるし、他人が感じる迷惑の範囲も規定できないからだ。さらに「迷惑をかける」行為であっても、是認されるべきものもある。このように、自己決定権は曖昧なので、それを手がかりに行為の是非は判断できないと言うのだ。

しかし、この解釈には無理がある。なぜなら、社会的権利では、概念規定から具体的適用が直接に出てくるとは限らないからだ。たとえば、「文化的で健康な最低限度の生活を営む権利」は、どの程度の金額なら「最低限度」かは憲法条文には出てこない。実際、個人がこの権利を侵されたと訴えた「朝日訴訟」では、憲法条文は「将来において為されるべき」プログラムに過ぎず、実際の生活保護費の額は行政府の裁量の範囲であるとされた。具体的適用は、社会状況との関係において行政府が決定する。もし、筆者の議論を当てはめれば、憲法にも「自存性がない」と非難しなければならなくない。

このように、社会的規定では、概念や原理から自動的に具体的事態への適用が出てくるわけではない。むしろ、概念や原理は具体事例を分析するための指針であり、どのように考えたらいいか、ポイントを明らかにするものと考えた方がよい。政治学者の酒井直樹は「憲法の役割は社会問題をつくりだす」ことだと主張する。「自分は不利だ」と感じた者が、それを見過ごす常識に逆らって、憲法を手がかりにして新しい言語をつくり、自らの要求を社会的正義に登録する。「文化的で健康な最低限度の生活」も憲法の規定を元にして、社会にアピールする活動から、具体的に認められたのである。

「迷惑をかけない限り何をしてもよい」も同じだ。この原理からは、「どんな具体的な行為が迷惑なのか」基準は出てこない。実際、この「何をしても」が自殺や治療拒否までを含むようになったのは、最近のことだ。最高裁では、輸血を拒否した宗教信者に無理矢理輸血をした医師に対して損害賠償を認めている。つまり、人間の身体は自分の所有物であり、他者の危害にさえならなければ、自由に処理して構わないと言うのだ。しかし、この判決に辿り着くまでは、多様な議論が行われ、「治療拒否」が社会や他人に危害を加えないかも議論されねばならなかった。「自己決定」の原理から、直接この結論が出なかったからこそ議論は紛糾し、訴訟も行われたのである。

ある行為が本当に自己決定であるかどうかは、個別に検証されなければならない。たとえば、途上国における「臓器売買」のように、「自由」の名の下に「搾取」が行われるなら、制限を加えるべきだ。そのバランス感覚が、具体的な判断になるのであって、概念から直接的に演繹できるわけではないのである。（一一九一字）

†通念に乗らない

結局、立岩の議論は「無理難題の語法」である。社会的な規定はどのように成立しているか、どう実際に適用されるか、現実的な事情を細やかに検討しないで、「規定であるからには行なわれればならぬ」という乱暴な通念を前提にして、結論を出している。しかし、よく考えてみれば、この前提の方がそもそも無理筋なのである。

世に言われる「論駁しにくい議論」は、だいたいこういうメカニズムになっている。最初に、いかにも世間に受け入れられそうな、口当たりの良い「通説」や「観念」を前提にする。それを拡大解釈して、「そらみろ。間違っているじゃないか」と批判する。しかし、こういう議論は、現実の成り立ち方を丁寧に吟味することで、崩すことができる。相手の言う前提を一つ一つ検討して、果たして、その前提が現実に成り立つか吟味する。そのためには、相手の前提にやすやすと乗らず、その妥当性を丁寧にチェックしなければならない。通念に負けないで耐える。その忍耐力を学ぶのも、論理的な文章を書くときの大切な一面なのである。

批判されてもひるまない＝相手の前提を理解し、現実に即して丁寧な吟味をする

この節で学んだ技法
▼相手の議論構造を見極め、やすやすと乗らない
▼相手の立論に反する事実を見つける
▼事実を丹念に吟味して、前提の弱点を突く

11　対立をスルーする方法――次元を上げて解決するための発想

†対立にどう立ち向かうか？

人は皆「隣人を愛したい」と願ってはいるが、なかなか難しい。何かを主張すると、必ずそれに反対する人々が出てくる。そのときに「あなたが右の頬を打たれたら、左の頬も差し出しなさい」（新約聖書）というイエスの過激な言葉を実践できるか？　おそらくできない。むしろ普通の人には「目には目を、歯には歯を」というハムラビ法典の主張の方がしっくり来る。しかし、毎回「目には目を、歯には歯を」だけだと疲れる。「やられたらやりかえせ」という応報や復讐の原理は過酷になりがちだ。「やりかえされた」方が、今度は被害者意識に凝り固まって「やられたらやりかえせ」を実践する。それにまた「やられたらやりかえせ」と反発する。そんなことが繰り返されると、元々の争いの種子＝趣旨が何だったのか、さっぱり分からなくなる。

ただ、対立を仲裁しようとしてもなかなか上手く行かない。「何で、横から口出しする？」「お前に何の権利がある？」。今までいがみ合っていた二人が、いつの間にか共同して、仲裁者を攻撃する。これは裁判などでも同じこと。裁判官など、どんなにうまく仲裁したと思っても感謝されることはほとんどない。それどころか、双方から「だから裁判はダメなんだ」と恨まれるのがオチだ。

実際、一九七七年津市の「隣人訴訟」では、自分の子供を隣人に預けたら水死したので、損害賠償訴訟を起こした。すると、全国から中傷と非難の電話・手紙が殺到した。「戦後の悪魔」とか「命をカネに換算するのか」などと非難されたので、訴訟は取り下げられた。興味深いのは、訴訟を起こされた側の「隣人」も控訴して争う姿勢を見せたところ、一緒くたに非難されたことだ。法務省は、異例の声明を発表し、「裁判を受ける権利が侵害された」と遺憾の意を表明したが、日本人の訴訟嫌い・対立不信にも徹底したものがある。だが、その結果として対立解決への発想が乏しくなった、ということはないだろうか？

> 次の会話を読み、（1）及び（2）の各問いに答えなさい。
>
> A　B君、久しぶり。ドイツに行ってたって聞いたけど、どうだった？
>
> B　うん、今回は二回目だったんだけど、よかったよ。ビールもおいしかったし。あ

A　あ、そういえば、今回も、鉄道に関しては、ちょっとトラブルがあったかな。

B　「今回も」ってことは、前回も何かあったってこと？

A　そう。といっても、大したことじゃないんだけど。ドイツの列車ってね、日本と違って、指定席の車両と自由席の車両が分かれてないんだ。ただ、座席指定がある場合には、その席の上のところに、例えば、「ベルリン―ミュンヘン」とかいった表示がなされていて、その区間は指定席になってる、って分かる仕組みになってるわけ。

B　そうなんだ。面白いね。

A　問題はね、「指定」って表示が出ていても、実際にその人がいなければ、別の人が事実上座っていることもあってね。それで、前回の旅行のときも、僕の指定した席に行ったら、別の人が座っていたのさ。

B　それで？　譲ってもらった？

A　いや、それが……大柄でちょっと怖そうな人だったし、ドイツ語も自信がなかったりで、結局言い出せなくて。ほかに自由席がたくさん空いていたから、僕は別の席に座ったんだ。

B　なんだ、そうなんだ。でも、多少面倒だったとしても、権利があるんだから、ち[a]

ゃんと主張すべきだったんじゃないの？

B　そうかなあ。たしかに、これでよかったのだろうか、という疑問もないわけではないんだけど。ところで、実はね、今回も、似たようなことがあったんだ。

A　それで？　今度はどうしたの？

B　うん。今度は意を決して、「そこの席は、私が予約しているのですが」と言ってみたんだ。

A　おお。すごいね。今度は優しそうな人だったってこと？

B　いや、そういうわけじゃ……それもあったかもしれないけど。でも、今回はね、実は、その人も同じ席の指定券を持っていたんだ。

A　それは大変。そういうこともあるんだ。それで、どうなったの？

B　うん。その人がとても親切な人でね。「遠い国から来たお客さんだから」とか言って、結局譲ってくれたんだ。でも、この場合、相手が譲らなかったら、どうすればよかったんだろう？

A　私なら、車掌さんを呼ぶけどね。でも車掌さんだって、どうしたらいいのか、考えてみると、難しいかもね。早く座った者勝ち、とかね。

B　そうかなあ。早く切符を買ったほうが優先じゃない？　あるいは、いっそ、ジャンケンで決めるとか。

Ａ　でも、ドイツにも、日本と同じジャンケンがあるの？　ルールが違ったりして。

Ｂ　ああ、それは考えてなかったけど。それじゃあ、やっぱり何か基準が必要なのかなあ。

Ａ　年上の人を優先するとか、ハンディキャップのある人を優先するとかっていう考え方も、あり得るかもね。Ｂ君、法科大学院を受けるんだったら、ちょっと真剣に考えてみたらどう？　(b)この場合、車掌としてはどのような解決をすべきか。

Ｂ　ううん。Ａさんにはかなわないな。妙な宿題をもらっちゃったけど、考えておくよ。

（１）Ａの述べている傍線部(a)のような意見について、どのように考えるべきだろうか。Ａの意見の意味を明らかにし、その根拠として考えられる点とあり得る批判とを検討しながら、六〇〇字以上一二〇〇字以内で、あなたの考えを述べなさい。

（２）Ａの出した傍線部(b)の問題について、どのように考えるべきだろうか。あり得る解決のメリット・デメリットをそれぞれ検討しながら、六〇〇字以上一二〇〇字以内で、あなたの考えを述べなさい。

二〇〇八年東京大学法科大学院入試問題

†ガイドに従って考える

これは「対立にどう対応するか」を真正面から問う設問だ。答えにくいのを見越してか、親切にも発想のガイドラインが示されている。まず（1）では「Aの意見の意味を明らかにし／その根拠として考えられる点と／あり得る批判とを検討」する。つまり、「Aの意見の意味」を分かりやすく説明して（パラフレーズと言う）「その根拠として考えられる点」に触れ、さらにそれに対する「あり得る批判」（とその根拠）を説明し、「あなたの考え」で評価を行う、という四つの課題をこなしていかねばならない。

①Aの発言の意味を明らかにせよ　②その根拠を考えよ
③あり得る批判は何か？　④あなたの考えはどうか？

†Aの発言の意味

Aは「多少面倒だったとしても、権利があるんだから、ちゃんと主張すべきだったんじゃないの？」と言う。読点ごとに分けて「多少面倒だったとしても／権利があるんだから／ちゃんと主張すべきだったんじゃないの？」と考えてみると、この発言はけっこう問題が多い。たとえば、「権利がある」は指定券を持っていることを意味するが、「多少面倒」とはどういう面倒か？「ちゃんと（権利を）主張すべき」なのは、なぜそう言えるのか？

前者については、Bの発言からある程度推定できる。「大柄でちょっと怖そうな人だったし、ドイツ語も自信がなかったりで、結局言い出せなくて」と言うのだから、権利を主張するとイザコザが生じたり、ドイツ語でうまく主張できないのではないかと迷ったりしているのだろう。結局、喧嘩になって殴られる、あるいは、うまく自分の要求を伝えられない。つまり主張しても、かえってコストがかかり、利益が得られないわけだ。

†権利を主張する根拠は？

それなのに、なぜ「ちゃんと（権利を）主張すべき」とAは言い張れるのか？　その根拠は何か？　法律を勉強したことがある人なら「権利の上に眠る者は保護に値しない」（イェーリング『権利のための闘争』）という言葉を思い出すかもしれない。つまり、「権利」というものは、絶えずそれを行使していないと有名無実になってしまう。権利は積極的に主張する不断の努力によって守られる。

たとえば、選挙をしても誰も投票に来ないのであれば、為政者は選挙の結果など無視するだろう。それと同じで、指定席に座る権利があっても、それを行使しなければ、指定席という権利自体が有名無実になり、一つの権利を消滅させて社会に害に及ぼす結果になる。だから積極的に言うべきだ、などという議論はどうだろう？　つまり、正当な権利を維持するように行動するのが市民の義務だと言うのだ。市民参加による共和・共治の姿勢が強調されているのだ。市民参加で権利を守るべしとは、申し分なく立派な心がけだ。

†あり得る批判は？

しかし、この議論には釈然としないところも残る。個人的にはコストがかかったり利益が得られなかったりするのに、それでも、社会全体の利益のために権利主張をしなければならないのか？　そこまで「義務」として要求されるのか？　権利の主張や行使が紛争につながるのなら、個人の安定や平穏を優先して黙っていて悪くないはずだ。権利を主張するかしないかは個人の自由ではないのか？

実際、我々の社会では国家や社会の維持に必ず参画すべしとは言っていない。たとえば、憲法の「基本的人権」、たとえば「信仰の自由」「集会の自由」「思想・信条の自由」などは、個人の行為に国家がやたらと介入してはならないという趣旨だ。何を信じるか、何を主張するかについて社会・国家は命令できない。つまり、我々が共同してよき社会・国家を作ることを求める面より、社会・国家が個人に干渉しない、国家からの自由の側面＝自由主義が強調されているのである。

Aの発言の意味を明らかにせよ	「多少面倒だったとしても／権利があるんだから／ちゃんと主張すべきだったんじゃないの？」と三つに分けて、それぞれの意味を考える。 ・ちゃんと主張すべき＝正当な権利は主張するのが義務 ・多少面倒＝コストがかかる、利益がない
その根拠を考えよ	・権利を主張しないと権利が消滅する↓社会への害になる ・権利を主張するのは、市民としての義務である ・共和主義的主張
あり得る批判は？	・権利を主張するかしないかは個人の自由である ・権利行使が紛争になる↓安定・平穏を優先する選択があってよい ・自由主義的主張

†対立に巻き込まれない書き方

ここまで来て、ようやく自分の意見を書く順番になった。さて、どうするか？　シンプルに考えれば、Aの意見に賛成する／反対する、のいずれかの立場を選び、それをサポートする理由を書く方法がある。Aの意見に反対するのは、Aへの「あり得る批判」に賛成することと同じだから、結局、Aの主張か、Aへの「批判」のどちらかに賛成することになる。ただ、これは唯一の書き方ではない。なぜなら、設問では「どちらかを選べ」とまでは迫っていないからだ。求められているのは「あなたの考え」だけであって、「あなたの選択」ではない。つまり、Aの意見に賛成する／反対する、で書いても悪くはないのだが、他の書き方ができるならそれを排除してはいない。

実際、「あれかこれか」と二人の人が争っているとき、必ずどちらかにコミットする必要はなく、第三者として距離をとっても別に悪くはない。たとえば、「君の意見は、いわば……の立場だね。逆にBの主張は……の立場だね」などと、問題を抽象化して整理してやっても、将来、対立をどう解決したらいいか、と考えるときに役立つだろう。

対立の分析・抽象化＝将来の解決に貢献できる

たとえば、ここでは、賛否を表明するのではなく、AとBの違いを説明するという戦略をとってよい。Aの意見が共和主義的な権利概念であるのに対して、BまたはAへの批判が自由主義的な権利概念になっている。つまり、AとBは、たんに権利主張をするか／しないかという具体的判断で対立しているのではなく、権利に対する全く別の概念に立っている。こうすれば、目の前の対立を解決できなくても、将来の解決に至るための判断材料を提供するという意味で、十分有意義な立論になっている。

さらに、もう少し議論を深めると、自由主義は権利が確立されていることを前提にしているが、共和主義は権利が形成途上である面を強調している。その意味で共和主義がないと自由主義は実現できないが、共和主義も個人の自由を実現させることが目的になっている。つまり、前者は後者を前提にして成立しているが、後者の目的は前者にあるという循環関係にあるなどとしたら、論理が展開した感じが強まるかもしれない。

あなたの考えは？

(a) 賛否の表明をしない
(b) Aは共和主義的主張＋批判は自由主義的主張
(c) 権利の概念は循環している

（1）の解答例

Aは、Bがきちんと自分の正当な権利を主張すべきだったと主張する。つまり、権利を持っているのに、それを行使しないのは誤りだというのだ。このような主張の背景には、不断に主張しないと、権利自体が守れないという危惧がある。実際、「権利の上に眠る者は保護に値しない」と言われるように、たとえ正当な権利者でも、一定の期間、その権利を行使・維持する努力をしなければ、法による保護はなされない。したがって、権利を主張するのは、むしろ人権を実現させる社会を維持するために、市民のなすべき義務とさえ考えられるのである。

これに対して、権利を有するからといって、必ずしも権利を行使しなければならないわけではないという批判もあろう。権利とは「したいと思えば、そのようにできる」という意味であり、それを実際に行使するか否かは、権利を行使した場合の自分の利益を考慮して個人が決定できる。したがって、自分の不利益にはならないと判断するならば、権利行使しないことも認められるはずだ。たとえば、Bは他に座る場所があり、席をどいて欲しいと主張をするとトラブルになると予想される。この場合、

Bの利益は実質的に損なわれていないのに対して、権利主張をすると外国語を使うというコストをかけ、喧嘩になるリスクも招く。これらの利益・不利益を総合判断して、Bは権利を放棄したほうが良いと判断した。そのBの判断を非難する理由はない。

これらの論点は、権利に対する共和主義と自由主義の対立とも考えられる。つまり、後者のように、権利主張とは自己の正当な利益を確保する行為と考えるなら、実質的利益が侵されなかったり、権利主張のリスクが大きかったりするときには、権利主張の動機が存在しない。それに対して、前者のように、各メンバーが努力することで、権利が社会的ルールとして維持されると考えれば、権利主張を行われない状態を作ることは「正当な権利が守られる」社会的資源を毀損することになる。メンバーがコストやリスクを負っても権利を実現していかないと、「そのようにできるはずだ」と個人が主張できなくなってしまうおそれがある。

このように、権利は、現実に自己の利益が侵されたか否かという判断に基づいて主張される一方で、それが正当であるという根拠はつねに社会での実践によって保証されていなければならない。だから、この場面でも、Bのように権利を行使しないことを自由に選んだから良いという解釈と、Aのように、不利な状況の中でも自分の権利を行使することで、社会における権利の認知を高めよという二つの解釈が対立する。

この両面のどちらを焦点にするかで、どう行動すべきだったか、についての評価の違いが生まれるという構造になっているのである。（一一二六字）

†仲裁する方法は？

他方(2)では、こういう対立スルー方式は取れない。なぜなら、自分が車掌として、実際に、Aのように指定券を持っていながら座れない者と、指定券を持って席に座っている者との仲裁ないし調停をする立場に立たされるからである。

これも最初に思いつくのは、二者択一か中間を取ることだ。たとえば、①Aを座らせて今座っている者を立たせる　②今座っている者を優先して、Aには立っていてもらう　③喧嘩両成敗だから、どちらにも立っていてもらう　④目的地に着くまでの時間を半分ずつに分けて、交互に座ってもらう。しかし、本当に、それしか取るべき方法がないのだろうか？

†メリット・デメリットを検討する

その問いに直接答える前に、設問では、またまた解答のガイドラインを設けている。

「あり得る解決のメリット・デメリットをそれぞれ検討」することを要求しているので、それを最初に解決しておこう。「あり得る解決」については、課題文中のA、Bのコメントを利用する。つまり、「ジャンケンの勝者」「座席に早く座った者／指定席券を早く買った者」「高齢者やハンディキャップのある者」という三つの優先基準それぞれについてメリット／デメリットを検討するのだ。

三者をそれぞれ検討すると面倒なので、いくつかをひとまとめにして考察しよう。たとえば、「ジャンケンの勝者」「座席に早く座った者／指定席券を早く買った者」は、どれも、どちらが座るべきか決める方法が単純明快で、優先順位を明確・機械的に決定できる点は共通している。しかし、最初の約束「指定券を持っていれば、座席に座れる」とは違った恣意的なルールによって、みずからの権利を放棄させられるのは、合意が得られにくい。「なんでジャンケンなんだよ?」「早く座った／買ったことが、なぜ優先されるんだ?」という反問には答えられない。

それに対して、「高齢者やハンディキャップのある者」は合意が多少得られやすいかもしれない。なぜなら、社会には「高齢者やハンディキャップのある者」をケアすべきだという暗黙の合意がだいたいあるからだ。少なくとも、問題文の舞台ドイツにそういう社会的ムードがあるなら、この解決は文句が出にくい。しかし、優先すべき事情が競合・対立した場合は問題が生ずるだろう。たとえば、たまたま片方が障害者でもう一人が高齢者だったらどうか？　どちらを優先すべきか、また対立が生ずる可能性がある。

優先	ジャンケンで勝った者、座席に早く座った者／指定席券を早く買った者	高齢者やハンディキャップのある者
メリット	決め方が単純明快で、優先順位を明確・機械的に出せる	社会における暗黙の合意に訴えられる
デメリット	最初の約束からはずれたルールによって、みずからの権利を放棄させられる	優先すべき事情が競合・対立した場合は？↓何をまず考慮すべきか、現実に対する評価がずれる

結局、ここまでの「あり得る解決」はどれも不十分だ。どれを取っても文句が出てきて、もっとこじれそうだ。だいたい、自分が不利になるかもしれない提案に対して「はい、そうですか？」とすぐ同意ができるはずがない。

†ケーキの公平な分け方

結局、ここで最初の問いに戻ってくる。二者択一か中間を取る以外の解決はないのか？実は、こういう場合「問いの次元を上げる」という方法がある。たとえば、ケーキの公平な分け方があることをご存知だろうか？　二人で分けるときは、まず一人が切って、もう一人が最初に取る。そうすれば、ケーキがどう切られるかに関わりなく、手続き上「公平」になる。なぜなら、どう切り分けようと、そのコストは結局切り分けた者自身が負担する構造になっているからだ。

ここでも、それと似たような発想は取ることができる。この場合、解決案を提案する（つまりケーキを切り分ける方法）のは車掌である。だとすると、次の決定（どのケーキの部分を取るか？）は、客が有利になるか、少なくとも、不利にはならない方を自分の意思で取れるように、提案を調整すればよい。そうすれば、提案に対して不満を感じないはずだ。

たとえば、車掌の権限で、現在の席から動く客には、よりグレードの高い席に移ってもらう。もし、そのような席が残っていなければ、車掌の席（あるいは食堂車の席）を用意し、何らかの特典をつけて、よりグレードが高くなったと感じられるようにする。豪華な夕食をつけるとか、旅客料金を半額にする。そのうえで、今の席に止まるか移るかを聞く。

こうすれば、客のどちらが先に選択するか、それほど気にしなくて良い。少なくとも、自分の今の状態以下にはならないからだ。

†仲裁が受け入れられるには？

法社会学者川島武宜は『三人吉三廓初買』の場面を挙げ、仲裁を説明している（川島武宜『日本人の法意識』）。お嬢吉三が夜鷹を殺して百両を奪う。それを目撃したお坊吉三が「その百両をよこせ」と強請《ゆす》る。二人が刀を抜いて争うところに、和尚吉三が登場し、二人に持ちかける。「ここは一番己が裁きを付けようから、厭であろうがうんと云って話に乗ってくんなせえ。互いに争う百両は二つに割って五十両、お嬢も半分お坊も半分、留めに入った己にくんねえ。其の埋草に和尚が両腕、五十両じゃ高いものだが、抜いた刀を其儘へ収めぬ己が挨拶。両腕切って百両の、高を合わせてくんなせえ」二人は刀を和尚吉三の腕に添えて、その腕を引き（もちろん、腕を落とすのではない。腕の表面を切るだけである）、自分たちの腕も引いて、それぞれ腕から流した血を啜り合って、「かための血盃」で兄弟分となる。

川島は、これを「双方納得しての和解というよりは、一段上の立場に立つものが争いをあずかって言い分をおさめさせる」日本的な調停の典型として捉える。しかし、必ずしも

「日本風」だと卑下する必要はない。和尚吉三の解決案は、お嬢吉三・お坊吉三の両者には実質的には何のプラスも生まない。だが、和尚吉三は自分の腕という掛け替えのないコストを負担する覚悟を示す。お嬢・お坊は、その覚悟を信頼して、仲裁を受け入れる。ここでも、解決は対立者の間で「マイナスをどう負担するか」ではなく、「提案した者がコストを負担する」覚悟から生まれているのだ。

結局、仲裁がすんなりと受け入れられるには、対立している人同士が、不利ではないと感じられる方を選べる構造を、仲裁者自身がコストを負担して作りだす必要があるのだ。

仲裁の方法＝仲裁者もコストを負担する構造を作り出す

（2）の解答例

まず、ジャンケンで勝った者、座席に早く座った者／指定席券を早く買った者を優先させるという解決策が考えられる。このメリットは、決め方が単純明快だということである。ジャンケンの勝ち負けや、どちらが早く座ったのか／切符を早く買ったのかは客観的に検証可能なので、優先順位を明確に出せる。一方、デメリットは、譲らされた側は運や時間的先後という最初の約束からはずれたルールによって、みずからの権利を放棄させられることに納得しないことが考えられる。

それに対して、高齢者やハンディキャップのある者を優先させる方法も考えられる。社会的弱者を優先させるという社会通念の下では、この解決策は有効だろう。なぜなら、たとえ同等の権利を持っていても、どのような人間が優先されるかについて、社会における暗黙の合意に訴えられるからである。ただし、デメリットは、このような社会通念が必ずしも共有されていないことだ。かりに当事者の一方が、社会的弱者を優先させるという価値判断を共有しなければ同意は得られない。また、考慮すべき年配者とは何歳か、考慮すべきハンディキャップとは何か、現実に対する評価がずれることもあろう。そもそも両者とも年配者や障害者であったり、または片方が年配者で片方が障害者であったりする場合は、どちらを優先させるべきか解決策を提示できない。

結局、これらの解決策では、座席を放棄させられた側が納得することは、必ずしも期待できない。したがって、車掌が、何らかの車中における「権限」をふるって、決定しなければならないだろう。ただ、問題を作り出したのがチケットのダブルブッキングであったとすれば、鉄道会社のスタッフが、解決の方法を決めるという公式の

「権限」を有しているとみなしにくい。なぜなら、鉄道会社のチェックが甘いから、一つの席に複数の者が予約されたわけで、トラブルの元凶は鉄道会社にあると考えられるからだ。それなのに、客がその結果としての不利益を被るのは不合理だろう。むしろ、負担を負うべきなのは、客ではなく鉄道会社のはずだし、車掌の解決もその方向で提案されるべきだ。その際、客のどちらも、当初の状態以上に不利益を被ることがないように工夫すべきだろう。

たとえば、座れない者には別の席を用意し、可能ならば、損害賠償の意味も込めて予約した席よりもグレードの高い席にする。もし、席が空いていないならば、車掌や食堂車の席などを提供し、そのうえで食事をつける、今後使用できる乗車券を客に渡すなどの特典をつける。そのうえで、席を移るかどうかを客に選ばせる。そうすれば、仮に座席を移っても、不利益を強いられたという感情は起こらないはずだ。いずれにしろ、鉄道会社が責任を負うという解決策にすべきなのである。(一一三七字)

†仲裁者の立ち位置

そもそも考えてみれば、車掌は利害を公平に判断できる立場にいるわけではない。二人の客が同じ席の指定券を持っているという事態は、発券システム上あってはならず、この事態は、鉄道会社に責任があることを示唆するであろう。車掌は、この車内においては会社の代表だ。とすると、責任を取って客の被る不利益を補償するのは、車掌の役目になろう。結局、車掌は、客のどちらかに不利益を押しつけられる客観的な立場にいるわけではなく、むしろ積極的にそのコストを負担すると申し出なければならないのである。

対立を仲裁するには、まず混乱を整理して、双方に共有事項を納得させるのが第一段階。次に、仲裁者自身が当事者であることを確認する。最後の段階では、対立のコストをある程度引き受けるような形で提案をする。このようにすれば、どちらか一方が譲るか、喧嘩両成敗にするか、真ん中を取るか、という不毛なゼロサムゲームを変化させることができる。その際、どこまで仲裁者がコストを引き受けるか？　それは、仲裁者が、この対立から自分自身がどのくらいのマイナスを受けると予想しているかで決めればよい。

仲裁する＝不毛なゼロサムゲームを仲裁者も含めた三者の問題に変える

対立が、一見論理的判断だけでは解決しにくい時でも、仲裁者が二者の対立に自分の身をねじ入れるなど、問題の構成要素を変えることで、解決の方向が見えてくる。問題枠が変われば「あれかこれか」という二者択一の次元を超え、別な選択肢が発想できる。対立を解決に導くには、そういう問題組み替えの仕事が不可欠だ。仲裁者の覚悟とアイディアが試されるゆえんである。

この節で学んだ技法

▼両者の対立をきちんと性格づける
▼仲裁者自身もコストを負担する構造にする
▼問題の構成要素を変えて、解釈を探る

12　常識を覆す思考——逆説の使い方

†ステレオタイプの着想から解放される

前節でも述べたように、既存の思考枠に取り憑かれるとろくな問題解決につながらない。たとえば、高齢社会について、メディアでは「高齢社会は悪い」としか考えないから、「高齢者が多いと社会の活力がなくなる」。だから「子供を沢山作る」「子育てをヘルプする制度を充実させる」と論理をつなげてしまう。だが、よく考えれば「高齢化」は必ずしも悪いことばかりではない。何より医学や医療体制が発達して日本人の寿命が延びなければ「高齢化」にはならない。とすれば、「高齢化」は歓迎すべきだ。平均寿命三〇から四〇歳なら「若齢社会」になるが、それはそれで困った話だろう。

高齢社会では、より少ない若年層がより多い高齢層を支えねばならず、年金機構が破綻するなどとよく言われるが、「高齢世代から若年世代」への所得移転はどうなっているのか？　高齢者は、オシャレするとかカッコイイ車を買うなどという消費は少ない。むしろ、子供・孫の教育や生活のために財産を使うはずだ。その分を不問に付して、年金の収支だけをフレームアップして「世代間対立」を騒ぎ立てるのはフェアではない。

†発想を変えれば、問題は変わる

こんな風に、発想をちょっと変えれば、同じ現象でもずいぶん変わって見える。ことの良し悪しも違ってくる。それを「これが問題だ」と言われた範囲で考え、人からの受け売りで議論するから、意見も皆似たようなものになる。そういう惰性化した発想から解放され、全然違った角度から考えるのが、問題解釈の第一歩だ。

(1)傍線部(a)の花子の設問に、あなたならどう応答しますか。六〇〇字以上、一二〇〇字以内で述べなさい。
(2)傍線部(b)で太郎が想定している「シニカルな見方」と下線部(c)での花子の主張について、六〇〇字以上、一二〇〇字以内で、それらが意味するとあなたが考えるところを対比的に敷衍《ふえん》し、論評しなさい。

太郎　日本にもやっとロースクールができて、「社会の医師」の養成を質量ともに充実させる時代がきたね。ぼくも今度受験するよ。
花子　「社会の医師」って何？
太郎　法曹、とくに弁護士のことだよ。紛争はいわば社会の病。個人の心身の病を診断し治療するのが弁護士をはじめとする法曹の仕事。だから、司法制度改革審議会の意見書でも、法曹は「国民の社会生活上の医師」と言われているんだよ。
花子　そうかな。
太郎　なんだ、文句がありそうだね。
花子　文句があるわけじゃないけど、私にはその比喩がピンとこないだけ。
太郎　どうして？
花子　第一に、紛争って「社会の病」なの？
太郎　え？
花子　「健康な心身」の方が「病んだ心身」よりいいというのは、何が「健康な心身か」という大問題はあるけれど、一応了解できる。でも、紛争のない社会の方が紛争のある社会よりいいなんて、本当にそうかな、と思っちゃう。
太郎　あなたは論争好きな人だから、紛争のない社会なんか退屈で生きてゆけないってこと？

花子　自分が当惑する問題に出くわすと、茶化して誤魔化そうとするのが太郎君の限界ね。可愛いところでもあるんだけど。
太郎　痛いこと言うね。確かに、当惑しているよ。でも、紛争がいいもんだってのは、ぼくには理解できないな。
花子　逆に考えてみて。「紛争を根絶した社会はどんな社会か。社会は紛争を根絶するためにどんな代償を払わなければならないのか」[(a)]って。
太郎　うーん。なんか、難しい話になってきたな。医療でもこの頃は、患者のクオリティ・オブ・ライフを犠牲にした治療に対する反省の機運が高まりつつあるよね。あなたの疑問は、何か、それと関係あるの？
花子　そうね、ずれるところもあるけれど、まったく無関係とも言えないわね。でも、まあ、それはそれとして、もう一つ私がさっきの比喩にピンとこない理由があるんだけど、言ってもいい？
太郎　あなたを黙らせるのは、太陽を西から昇らせるより難しい。どうぞ。
花子　仮に、紛争が「社会の病」だとしても、それを「治療」するのではなくて、反対に、この「病」を生みだし、広めるのが法曹の仕事じゃないかって思うんだけど。
太郎　[(b)]法曹こそ「社会の癌」だというわけ？　随分シニカルな見方だね。

花子　そういう意味じゃない。逆に(c)この「病」を生み出し広げるのは大切な仕事だと強調したいのよ。
太郎　ちょっとまって、頭が混乱してきたよ。いまちょっと忙しいから、また今度ね。

二〇〇四年東京大学法科大学院入試問題

この問題のキモはどこか？　太郎の「弁護士は社会問題についての医者みたいなものだ」という凡庸な比喩に対して、花子がするどくツッコミを入れるところだ。「紛争のない社会の方が紛争のある社会よりいいなんて、本当にそうかな？」。「紛争」とは対立・喧嘩のことだから、普通なら、ない方が平和で良いに決まっている。それをひっくり返し、「社会は紛争を根絶するためにどんな代償を払わなければならないのか」、つまり、紛争を根絶するとかえって悪いことが起こるのではないか、と迫るのだ。逆に言うと、紛争だって、それなりに社会に対して良い機能を果たしているはずだ、といちゃもんをつけるのである。

こういう発想を「逆説」(paradox)と言う。一見、反常識的で、そんなことあるものか、と思うのだけど、よく考えると「なるほど」と納得せざるを得ない発想。逆説の例として、よく使われるのが「急がば回れ」。急いでいるときには、かえってゆっくり進めた方がよい。なぜなら、急ぐと気ばかり焦ってミスをしやすいから。ちゃんとチェックしておいた方が結局は早いよ、と。言われてみれば「たしかにそうだ」と感じる。

逆説＝反常識的で信じがたいという印象＋説明されれば納得する

†定義に戻る

なぜ、「紛争があった方がよい」と言えるのか？　逆説的な思考を辿るには、まず言葉の定義に戻るのが原則だ。「紛争」とは英語で言えば〝conflict〟対立とか衝突という意味だ。だが、なぜ対立・衝突が起こるのか？　たとえば、けんかが起こるときには、一つのモノ・人を取り合うことが多い。自分はこういう風にしたいのに、相手がそれを許してくれない。利害が一致しないときに「なんで、お前はオレの邪魔をするんだー！」と紛争が起きる。それがエスカレートすると、刃傷沙汰や暴力行為につながる。

だから、「紛争」は普通嫌がられるし、なるべくみんな避けようとする。太郎が「社会の病」つまり社会の機能不全にたとえたのも当然だろう。病気＝機能不全は治療せねばならない。だから、太郎は「紛争」を解決する法曹を「医師」にたとえたわけだ。でも、この比喩は果たして正確だろうか？

†第一段階――紛争はなくならない

もし「紛争」が、利害の不一致で起こるとするなら、紛争が起こるのは日常茶飯事と考えねばならない。一人一人がそれぞれ自分のことを第一に考えるのだから、利害の不一致が起こらない方が不思議だ。人間が利用できるリソースは限られている。それがすべての人に行き渡らないと、当然、「持てる人」と「持てない人」の間で対立・衝突が起こる。それどころか、全ての人が持つことができるリソース自体、そもそも語義矛盾なのだ。

たとえば、合コンでは、相対的に「カワイイ女の子」「カッコイイ男の子」が少ないから、参加者の間で取り合いになる。「人に自慢できる恋人」というリソースを持つ人と持たざる人で不平等な分配が起こる。両者の間でも嫉妬やけんかも起こる。

この事情は、社会がどう進歩しようが変わらない。「すべての人が、たっぷり美というリソースをもらう」ことは絶対に起こらない。なぜなら、もし全員がある程度「美男美女」であったとしても、その中でまた競争が起こって「より多く美しい」と「より少なく美しい」グループに分かれ、それは簡便化されて、やがて「美しい男女」と「そうでない男女」と呼ばれることになるからだ。つまり、価値には、限られた人にしか手に入れられないという性質が不可欠なのである。このように、利害は常に対立するから紛争は絶対になくならない。

紛争の定義＝リソースの帰属をめぐる衝突・対立

◀当然の帰結

リソースは全員に行き渡らない

◀持てる人と持たざる人の存在

現実では、必ず利害の不一致が起こる

◀対立・衝突

紛争はなくならない

†第二段階——紛争をなくすとどうなるか？

もし「紛争がなくならない」のが世の真実だとしたら、それをなくそうとするとどうなるか？　法律や規則で禁止したってなくならない。アメリカでは、昔、禁酒法という法律を作って、紛争の元となる飲酒を止めさせようとした。だが、社会に飲酒の習慣が根付いていたから、いくら厳しく罰してもなくせない。それどころか、飲む機会が少なくなった酒飲みは酒が手に入ったら徹底的に飲んだ。その結果、酒による病気・死亡が増えた。さらに法で禁止したので、ギャングたちが酒の販売に手を出して大もうけ。互いに抗争し合ったために治安の大幅な悪化を招いた。紛争を止めさせようとして、かえって紛争の種を作ったのだ。

そもそも「根絶する」とは「完全になくす」ことだから、ちょっとくらい少なくなったのではダメ。法律や規則で禁止しても隠れて行われるのなら、「根絶」はできない。できないなら、どうするか？　「なくなった」ことにするしかない。本当は存在しているのだが、表向きだけ「なくなった」ことにする。そういう外見を作るために、むしろ全力を尽くすという転倒現象が出現するのは必定だ。

たとえば、かつてのソビエト連邦では表向き「精神障害者」はいないことになっていた。なぜなら、経済の矛盾がさまざまな問題を引き起こすというのが、社会主義の主張だからだ。資本主義を乗り越えたソ連は社会の矛盾をすべて解決しているから、「精神障害」という問題もないはずであった。しかし、現実には「精神障害者」は存在した。そこで、政府は彼らを強制収容所送りにして「ない」ことにしたのであった。もちろん、「ない」はずの精神障害者は治療もできない。治療したら精神障害者が存在したことになる。結果として、ソ連の「精神障害者」は資本主義国より悲惨な境遇に置かれたのであった。

紛争も同じだ。原理的になくせないのだから、表向き「なくした」ことにする他ない。つまり、利害の対立が起こったら、それをむりにでも「解決した」ことにしてしまう。結局、問題は適切な処置を受けられず、その存在自体が無視・否定される結果になる。

紛争は原理的になくならない

▼（むりになくそうとする）

表向きなくなったことにする

▼結果

現にある紛争を無視・否定する

†第三段階——誤魔化し・隠蔽の横行

たしかに、紛争は解決するにこしたことはない。そのために、我々の社会では、特有の解決プロセスを用意している。たとえば、法律的な紛争処理。まず、誰かがある事態を「紛争」だと名指しして、それを公的な機関、たとえば裁判所に訴える。裁判所では両当事者を招いて、互いの言い分を聞き、法律という社会で妥当と認められるルールに基づいて、どちらが正しいか判断する。厄介千万なプロセスだが、一つだけ良いことがある。それは、すべて公開であるということだ。だから、不正があるならば必ずチェックを受けられる。

もし、紛争がないということになったら、これらのプロセスを辿ることはできない。手続きは「紛争がある」ことを前提としている。紛争がなければ、当然、公開もされないし、不正のチェックも受けない。逆に言えば、不正のやり放題という事態になってしまう。

つまり、「紛争を根絶する」ことの代償は、紛争が全部裏にもぐって、その解決プロセスが不正か不正でないかをチェックする手段がなくなることである。これが社会にとって良いはずがない。紛争が起こるのを止めさせられないのだとしたら、せめて、それがフェアに裁かれることが、人々の望むことではないだろうか？　ここまでの説明を整理すると、次のような図として整理できるだろう。

紛争の定義↓利害・立場の衝突

▼

なくせない↑**なぜなら、リソースはすべての人に行き渡らないから**

▼

メリット＝公開され、正か不正かがチェックされる

紛争の根絶→なくせないものをなくす→存在するものを無視

▼

デメリット＝・隠蔽・気づかない・問題悪化

例：ソ連の「精神障害」認識（存在するはずがない→治療せずに放置される）

後は、このアイディアに基づいて材料を並べていけば、解答は出来上がる。

(1)の解答例

紛争は周囲に混乱を巻き起こすが、残念ながら、どんな社会体制を取ってもなくすことはできない。なぜなら、紛争とは、価値を巡る利害・立場の衝突だからだ。価値あるものは、社会のメンバーすべてに行き渡らない。たとえば、美というリソースは、すべての人に行き渡らない。むしろ、大部分のメンバーが「不細工」だからこそ、美という価値が出てくる。当然、限られたリソースの所有を巡って、利害・立場の衝突が起こるので、紛争は避けられないのである。**（紛争の定義とその不可避性の論証）**

したがって、もし紛争を「根絶」するなら、本当は存在するのに、それを無視して「なきもの」にするしかない。たとえば、かつてのソビエト連邦では、「精神障害者」はいなかった。なぜなら、ソ連は社会主義を取り、資本主義の矛盾を解決していると主張されたからだ。当然、資本主義が原因となる「精神障害」もない。しかし、現実には「精神障害者」がいたので、政府は強制収容所送りにした。「いない」はずの「精神障害者」は治療できない。結果として、ソ連の「精神障害者」は放置されて悲惨な境遇に置かれたのである。**(紛争の根絶の意味と例)**

たしかに、紛争が起こると、その解決には時間・金などがかかる。たとえば裁判所に訴えると、当事者の言い分が聞かれ、法律という社会で妥当と認められるルールに則って、どちらが正しいか判断される。こういう手続きは厄介だ。しかし、良いことがあるとしたら、すべてのプロセスが公開されることだ。だから、不正があったらチェックを受けられる。もし、紛争がないことになったら、当然、公開もされないし不正のチェックもされない。つまり、紛争は裏にもぐって、その解決プロセスも妥当性もチェックできない。しかし、紛争が不可避なら、せめて、フェアに裁かれることを人々は望むのではないだろうか。**(紛争の根絶のもたらす悪いこととは?)**

結局、紛争の根絶とは、利害の対立が抑圧される状態にすぎない。たとえば、一方の強者に他方が畏怖したり、逆に弱者の主張がすべて受け入れられたり、当事者の事情と無関係に決定される。いずれにしろ、特定の立場が一方的に優先され、不平等に陥る。つまり、紛争の根絶は社会を分裂させる。これは、紛争の末に解決がもたらされることで、その手続きに関与した各当事者が納得し、社会の結束が強まる事態と対照的だろう。つまり、紛争を根絶する代償とは、真実が抑圧され、社会を分裂させ、その結束を危険にさらすことなのだ。**（結論と一般化）**（九七六字）

結構、衝撃的な内容になってしまった。紛争という定義に戻って、そこから一つ一つ論理を紡いでいくことで、紛争が避けられないことを引き出し、さらに、それを前提に「紛争の根絶」の意味を考えると、「紛争の発生」よりももっと悪い結果を生むことが分かる。この代償の大きさ！　最初と最後を見ただけでは、「まさか！　何で、こんな結論になるの？」とびっくりする。これが「逆説」の鮮やかさだ。インパクトの強さは抜群であり、相手は呆気にとられる。でも、論理を検証してみると、一つも間違いない。「発想の豊かさ・面白さ」をアピールできる。

定義を確認→必然的帰結を探究→その帰結を前提に論理展開→反常識的な結論に到達

†対比・敷衍する力

一方、(2)の設問は、「対比的に敷衍し、論評しなさい」と要求する。何をすればいいのか？　**対比**とは、反対の内容のものを比べて、違いを際だたせること。**敷衍**とは、論旨を展開すること。**論評**は、自分なりの評価をして、それを根拠づけること。したがって、まず太郎と花子の主張を並べて、その違いを際だたせる。その際、課題文に書いてあることだけでなく、そこから論理的に予想できることをあらかじめ考えて述べなければならない。そのうえで、その二つのどちらが良いか、自分なりに判断して、その根拠を述べるわけだ。

二つの主張を並べ、違いを際だたせる＋課題文から論理的に展開できることを述べる
←
二つのどちらが良いか判断して、その根拠を述べる

†まず表現を明快にする

(2)では比喩表現なども使われており、まずその意味するところを整理する必要がある。

(1)のように言葉を定義するだけではなく、文のニュアンスや含意を読み取り、それを正確に意識化しなければならない。前述したように、論理展開は最初の文の言い換えになるので、この作業が不可欠であるだけでなく、決定的な意味を持つ。

論理展開＝出発点となる文の意味を確定してから、同義表現に言い換える

ここでも比喩がやや曖昧なので、そこから整理しよう。花子は「紛争が『社会の病』だとしても、……この『病』を生みだし、広めるのが法曹の仕事」だと言う。それを受けて、太郎が「法曹こそ『社会の癌』だというわけ?」と応答する。「癌」は明らかに悪いものを増殖させるというイメージなので、「法曹こそ『社会の癌』」という比喩は、法曹は悪いものを社会の中に作り、増殖させていることを意味する。もちろん、(1)によれば、花子の言う「紛争」は、紛争に一定の社会的機能を認めるわけだから、悪い意味だけではない。しかし、そこのところが太郎にはどうしても分からないらしい。さらに続けて、「随分シニカルな見方だね」と口走る。

「シニカル(冷笑的)」とは、ここでは「理想をバカにして、人間は所詮自己利益だと割り切る」という意味なので、太郎は、花子を「自己利益のために、紛争という悪を社会に広め」ることを主張している人間と捉えるわけだ。あくまで、「紛争ワルモノ論」から逃

れられない。挙げ句の果てには、「ちょっとまって、頭が混乱してきたよ」と言って逃げ出してしまう。

†論理を徹底的に展開する

以上の分析を元に、対比を作ってみよう。太郎は紛争を悪とする考えに立っている。だから、紛争を広めることは、法曹の自己利益のためだとしか解釈できない。それに対して、花子は、紛争は社会的に役に立つと考える。だから、紛争を起こす法曹の役割も、それなりに社会に貢献していると考えているわけだ。

では、どのように役に立っているのか？　それは、(1)で論じてある「紛争を根絶する」意味から、導き出すことができる。つまり、「紛争を根絶する」ことが、社会の中にある利害・立場の不一致を抑圧することだとしたなら、「紛争を広める」とは、社会の中に存在する利害・立場の不一致を暴き出し、顕在化させる役目を果たすのである。今まで、気づかれていなかった、あるいは注目されていなかった「問題」を明るみに出し、それを社会に注目させるのである。この論理展開が、(1)からの「敷衍」になる。

さらに、もっと議論を先に進めよう。こういうように「問題化」することを「アジェンダ設定」とも言う。アジェンダになると、それは社会に公開され、さまざまな立場から議論が起こされることになる。たとえば、「持続可能な開発／発展（sustainable development）」という言葉がアジェンダになると、「どうすれば持続できるか？」「どこまで開発が許されるのか？」「そのためにはどう規制するのが効果的か？」などの付随的な問題が出てきて、議論が沸騰する。逆に、そういう問題化がなされないと、議論も起こらず無視されてしまう。

その伝で言えば、「紛争」としてアジェンダ設定されれば、もうそれは社会に公開され、みんなの目にさらされつつ討議されるので、下手な裏取引はできなくなるわけだ。少なくとも、不公正・不公平な扱いがしにくくなる。(1)で述べたように、解決も合法的・合理的になりやすい。それどころか、こういう場に出てきた当事者たちは、どんなに対立しているように見えても、公共の場で討議してよりよい結論を出そうとしている点では合意・一致している、とも言える。とすれば、(1)で述べたように、法的な場はむしろ「社会統合」に役立っているとさえいえる。もちろん、アジェンダ設定されればそれで十分とまではいかないにせよ、少なくともこういう条件が満たされることが「社会統合」にとっては必要ではある、とは主張できるだろう。整理すると左のようになる。

紛争を広める

▼敷衍
社会の中の問題を顕在化させる＝アジェンダ設定
▼公共化
社会に公開・討議
▼
合法的・合理的解決への合意と一致
▼必要条件
社会統合

後は、今までの議論をまとめる表現を最後に置けば出来上がりである。たとえば、「法的対話という解決の公共的な回路を与える」などの表現を工夫すれば、ちょっとカッコイイかもしれない。以上をまとめれば、次のような構成になりそうだ。

1太郎の解釈	「法曹は社会の癌」「シニカル」↓ 紛争という害悪を広めることで、自己利益を得るのが法律家？

2花子の主張	「紛争を拡げるのは大切な仕事」↓問題として顕在化させることで社会に貢献するのが法律家の仕事
3敷衍と根拠	どのように？↓隠れた問題を出現させる↓アジェンダ設定↓公開と討議↓公共の場でよりよい解決を目指す点では両者は合意している↓社会的統合の一契機
4結論―法曹の役割	隠されていた矛盾を掘り起こし、紛争として顕在化することで問題として認識させ、そこに法的対話という解決の公共的回路を与える

結局(2)も(1)と同じような経路をたどる。つまり、表現・言葉の本質的な意味に戻って論理的に展開していくのだ。まず、太郎の発言の意味を確定して、花子の発言と対比して解釈する。そこから「紛争を拡げる」の意味を展開させ「アジェンダ設定↓公開の討議↓両者の合意」とつなげる。ここから「紛争を拡げるのが大切」という反常識的な結論を導く。ここまで来たのだから、解答を書くのは読者の皆さんに任せよう。難しくないはずだ。

†問題を起こす意義

日本社会では、とかく「問題を起こさない」ことが人間として望ましいと思われる。だが、問題を起こさないことは、逆に問題を引き起こす。問題が認識されないままに深く進行し、ある日、危機的事態となって爆発することが多々ある。

技術倫理(学)では、「仲の良い集団は、かえって危機的事態を招く」と言う。仲が良く、ヒエラルキーがきちんとして、安定した人間関係では、異論・反論・問題が表面化しにくい。だから、問題点に気づきにくく愚かな判断(Group Thinking)をしやすい。実際一九八六年に起こったスペース・シャトル「チャレンジャー」の爆発事故は、「ここに問題がある!」と危機をアピールした技術者の意見を経営者側が無視したために起こったと言われる。その意味からすると、この問題で「紛争を起こす意味」が強調されているのは、たんに逆説や論理展開の見事さをひけらかすためではない。あえて波風を立てようとする問題意識こそ、社会をよくする原理だという大人の認識をも確認しているのである。

この節で学んだ技法

▼定義に戻って根本的に考える

▼対比を作って敷衍し反常識的な結論につなげる

▼問題化することでかえって解決につながる

最後に一つ補足を。本書に書いた解答例は、東京大学がこう解答してほしいと言っているものではありません。もちろん、私自身は、こういう内容・表現がベストだと信じてはいるのですが、出題者・大学側の意図は違うということはあると思います。それにもかかわらず、問題文の使用をこころよく許可してくれた東京大学・出題者および著者の皆さんに感謝したいと思います。

ある問題に対する解決・根拠・判断の仕方は一つではありませんが、そこに至る思考がたどる道筋には、共通したものがあります。本書で示したかったのは、その道筋が誰にでも開かれており、それをたどる限りは、知らない人とでも同じレベルでコミュニケーションができるということです。だから、書くことは、才能や人間性にはよらない。むしろ、スポーツのように、共通のルールを承認し、それに従って、自分のベストを尽くして思考して、表現する行為です。このルールへの尊敬があるからこそ、負けてもいさぎよく引き下がれる。本書でも、引用文や解答に対して批判したところがありますが、それを書いた皆さんにも許していただけるはずだと思います。なぜなら、そういうオープンな批判が相互に行われる関係こそが、論理的文章を書くということの動機の根本にあるからです。

当然、ここで使った方法については、自分にはねかえってくる場合もあるでしょう。解答案を書くにあたっては十分に考えたつもりですが、間違うのは人間の常。「お前の方法に従えば、ここがおかしいじゃないか」という指摘があるなら、いつでも歓迎いたします。むしろ、そのような反応を読んだ方に引き起こすことが、この本を書いた目的の一つでもあるし、そういう関係を読者と結べるということは、著者にとっての最大の幸福の一つでもあります。

筑摩書房の橋本さんは、すべての原稿を読んで、適切なコメントをいただき、筆が遅れがちな筆者を先に進めてくれました。ありがとう。しかし、何よりも感謝したいのは、今まで一緒に問題を考え、解答し、討論してくれた長谷眞砂子を初めとする小論文の学校ボカボのスタッフおよび受講者の皆さんです。彼らのおかげで、私は色々な角度から問題を検討することができ、よりよい解答にたどりつけたと思う。文章の目的は自己表現ではない。むしろ、他の人とつながり、協力するための土台であるということを実感させてくれたのは、彼らとの実践でした。本書を読んで、ボカボにおける議論の自由な雰囲気が読者の皆様にも感じていただけたら、このうえなくうれしいです。

ちくま新書
908

東大《とうだい》入試《にゅうし》に学《まな》ぶロジカルライティング

二〇一一年六月一〇日　第一刷発行

著者　吉岡友治（よしおか・ゆうじ）
発行者　菊池明郎
発行所　株式会社 筑摩書房
東京都台東区蔵前二-五-三　郵便番号一一一-八七五五
振替〇〇一六〇-八-四一二三
装幀者　間村俊一
印刷・製本　三松堂印刷 株式会社

〒三三一-八五〇七　さいたま市北区櫛引町二-六〇四
筑摩書房サービスセンター
電話〇四八-六五一-〇〇五三

ISBN978-4-480-06610-7 C0295

ちくま新書

695
哲学の誤読
——入試現代文で哲学する！
入不二基義
哲学の文章を、答えを安易に求めるのではなく、思考の対話を重ねるように読み解いてみよう。入試問題の哲学文を「誤読」に着目しながら精読するユニークな入門書。

545
哲学思考トレーニング
伊勢田哲治
哲学って素人には役立たず？　否、そこは使える知のツールの宝庫。屁理屈や権威にだまされず、筋の通った思考を自分の頭で一段ずつ積み上げてゆく技法を完全伝授！

509
「おろかもの」の正義論
小林和之
凡愚たる私たちが、価値観の対立する他者との間に築きあげるべき「約束事としての正義」とは？　現代が突きつける倫理問題を自ら考え抜く力を養うための必読書！

596
「分かりやすさ」の罠
——アイロニカルな批評宣言
仲正昌樹
「分かりやすさ」という名の思考停止が蔓延している。敵／味方で「世界」を線引きする二項対立がかくも蔓延しているのはなぜか。「批評」の可能性を問う渾身の一冊。

707
思考の補助線
茂木健一郎
自然科学の知見と私たちの切実な人生観・価値観との間に補助線を引くと、世界の見え方はどう変わるだろうか。この世の不思議をより深く問い続けるためのヒント。

429
若者はなぜ「決められない」か
長山靖生
なぜ若者はフリーターの道を選ぶのか？　自らも「オタク」として社会参加に戸惑いを感じていた著者が、仕事観を切り口に、「決められない」若者たちの気分を探る。

645
つっこみ力
パオロ・マッツァリーノ
正しい「だけ」の議論は何も生まない。必要なのは、論敵を生かし、権威にもひるまず、みんなを楽しませる笑いである。日本人のためのエンターテイメント議論術。

ちくま新書

884 40歳からの知的生産術　谷岡一郎

マネジメントの極意とは？　時間管理・情報整理・知的生産の3ステップで、その極意を紹介。ファイル術からアウトプット戦略まで、成果をだすための秘訣がわかる。

628 ダメな議論　——論理思考で見抜く　飯田泰之

国民的「常識」の中にも、根拠のない〝ダメ議論〟が紛れ込んでいる。そうした、人をその気にさせる怪しい議論をどう見抜くか。その方法を分かりやすく伝授する。

610 これも経済学だ！　中島隆信

各種の伝統文化、宗教活動、さらには障害者などの「弱者」などについて「うまいしくみ」を作るには、「経済学」を使うのが一番だ！　社会を見る目が一変する本。

701 こんなに使える経済学　——肥満から出世まで　大竹文雄編

肥満もたばこ中毒も、出世も談合も、経済学的な思考を上手に用いれば、問題解決への道筋が見えてくる！　経済学のエッセンスが実感できる、まったく新しい入門書。

807 使える！　経済学の考え方　——みんなをより幸せにするための論理　小島寛之

人は不確実性下においていかなる論理と嗜好をもって意思決定するのか。人間の行動様式を確率理論を用いて抽出し、社会的な平等・自由の根拠をロジカルに解く。

565 使える！　確率的思考　小島寛之

この世は半歩先さえ不確かだ。上手に生きるには、可能性を見積もり適切な行動を選択する力が欠かせない。確率のテクニックを駆使して賢く判断する思考法を伝授！

340 現場主義の知的生産法　関満博

現場には常に「発見」がある！　現場ひとすじ三〇年、国内外の六〇〇〇工場を踏査した〝歩く経済学者〟が、現場調査の要諦と、そのまとめ方を初めて明かす。